AVERTISSEMENT

DE

L'AUTEUR.

*L*YON, *aux prises avec la révolu-*
tion, est un tableau que tout français
desire, que l'Europe attend, et que
l'histoire générale de la révolution demande comme une portion notable
d'elle-même. Ce n'est point une scene
particuliere, détachée d'un grand événement : c'en est la partie essentielle ;
et j'oserois même dire, la plus intéressante à connoître.

On savoit bien que les mouvemens
de la révolution, en cette ville, n'a-
voient pas été de simples émeutes,

a

fortuites, isolées : et qu'ils n'étoient pas plus indifférens dans leurs causes, qu'ils ne l'ont été dans leurs suites. Mais qui jamais a connu les unes et les autres ? Qui jamais a soulevé le voile ténébreux qui cacha trop souvent les perfides moteurs de cette succession de crises violentes, qu'en vain la bravoure lyonnoise s'efforça de régler ou d'abattre !

Je les ai mis à découvert, ces ressorts et ces hommes, par qui Lyon fut successivement tourmenté de toutes les secousses qu'on donnoit au midi de la France. Je les décris, avec toutes leurs particularités, ces commotions et ces résistances, ces crimes et ces vertus, cet excès de malheurs et cet excès de gloire dont Lyon n'a cessé d'être le théâtre, depuis le commencement de la révolution française.

(3)

Quand j'entrepris ce travail, commandé par l'amour de mon pays et de la vérité, je compris d'abord qu'en donnant à mes contemporains l'histoire de cette ville infortunée, je ne les satisferois qu'à demi, si, m'astreignant à l'usage, je me contentois de représenter, par masses, des événemens qu'il leur importe de connoître en détail. L'histoire de l'âge, où le lecteur et l'auteur ont vécu, doit être, en quelque sorte, un récit dramatique, où les personnages semblent encore en action. C'est pour cela qu'animant leur conduite, j'ai cru devoir les faire parler eux-mêmes, et que j'ai reproduit toutes les particularités, propres à développer leur caractere.

La citation littérale de leurs discours, m'a sur-tout paru de rigueur dans un ouvrage où je ne dessinerois que de profil, ceux qu'il est nécessaire d'examiner et de montrer en face, si, en racontant leurs délits, je ne rappellois pas aussi les systêmes qui leur servirent de principe et d'apologie. Et croiroit-on à l'exposition de cette affreuse doctrine, si, me bornant à l'analyser, je ne citois servilement les paroles mêmes de ceux qui la professerent?

Qu'ils furent, en cela du moins, plus heureusement nés que nous, ces historiens des temps antiques, où les hommes, vicieux par instinct, ignoroient l'art infernal d'ériger en qualités civiques, les passions les plus féroces! Ces écrivains n'étoient pas forcés, comme nous, d'hérisser eux-mêmes leur marche par d'épouvantables citations. Mais dans ces derniers jours, où l'abus des lumieres et du raisonnement n'a que trop confondu les idées du bien et du mal, où la scélératesse ne fut pas moins étonnante dans ses discours que dans ses œuvres : l'historien seroit-il exact, s'il se dispensoit du trop pénible devoir de faire aller ensemble la doctrine et les faits, les paroles et les actions ?

Cependant, pour ne point trop surcharger mon récit, j'ai rejetté dans les notes, tous les passages que je pouvois absolument écarter de mon texte. C'est encore dans ces especes d'hors-d'œuvre, que j'ai renvoyé, par le même motif, quelques anecdotes précieuses, que je croyois devoir conserver pour l'observateur et les curieux : ne voulant point donner au lecteur ordinaire, qu'elles ne peuvent pas intéresser autant, le désagrément d'être retardé par elles, en parcourant le corps de cet ouvrage. Elles m'ont paru d'autant plus importantes à consigner pour les premiers, qu'étant la plupart, des faits privés où les personnages s'abandonnent à leur caractére, sans contrainte, à l'abri des regards, elles les démasquent entiérement, et fixent sur leur compte, le jugement des contemporains et de la postérité (1).

On peut ajouter la foi la plus entiere à toutes celles que je publie dans cette histoire. Quelques-unes me sont personnelles, et les autres reposent sur des témoignages que je ne saurois révoquer en doute.

----

(1) Il me reste encore beaucoup d'anecdotes, dont plusieurs pourroient me servir à confondre ceux qui se plaindroient d'avoir été peu menagés dans cette histoire. Mais, réservant ces armes pour d'autres circonstances, je donnerai, dans quelque temps, un recueil de traits qui portent un véritable intérêt, sans avoir l'odieux des personnalités.

Vrai dans ces moindres choses, je me suis piqué bien plus, de l'être dans les grandes. Les deux années que j'ai sacrifiées à recueillir des matériaux, à les comparer, à les mettre en œuvre, annoncent que je n'ai rien négligé pour obtenir le mérite de l'exactitude ; et l'importance, l'authenticité de ces matériaux, me donnent la conscience la plus ferme de ma véracité. Ce que je raconte de plus incroyable, est fondé sur des pieces officielles qui sont entre mes mains : je pourrai en indiquer le dépôt, quand il me sera permis de croire qu'elle s'est totalement éloignée de nous, cette effrayante mode des mesures révolutionnaires, qui n'autorisent que trop les violations et les enlevemens.

Qu'il me suffise de dire que, par rapport à Lyon, les archives des comi-

tés de la convention, ne renfermoient
rien que je n'aie connu. Il n'a pas tenu
à Dubois-Crancé que je ne fusse exempt
de les consulter en ce qui les concerne,
car lui-même nous avoit fourni tous
les actes de son procès, dans plus de
deux gros volumes, où il a prouvé solemnellement contre Couthon et Maignet, qu'il s'étoit rendu coupable envers
Lyon, de toutes les atrocités possibles.
En ces temps d'exécrable mémoire,
c'étoit un mérite, c'étoit une gloire
d'avoir brûlé, saccagé des villes, d'en
avoir détruit les habitans par le fer et
la flamme. Le soupçon d'avoir négligé,
et les fléaux connus, et les fléaux ima-
ginables, pour détruire des français,
forçoit le crime à faire parade de tous
ses attentats.

Dubois donc, ce Dubois, qui a sou-
tenu dans la convention, qu'il falloit,

aux yeux des *aristocrates*, avoir mérité la potence, pour être *patriote*, Dubois a démontré qu'il avoit les plus incontestables titres à la bienveillance de nos égorgeurs. L'arbitre suprême de toutes choses a voulu qu'il fournît ainsi lui-même les moyens d'un jugement terrible que, tôt ou tard, la justice, rassise enfin, prononcera contre lui. Cet irrécusable exposé de preuves abominables, que toute autre main que la sienne n'auroit eu, ni le courage, ni peut-être la facilité de recueillir, m'a semblé trop précieux, pour ne pas être cité, de préférence à tout autre monument de sa conduite.

Rien de ce qui pouvoit concourir à la fidélité de mon récit, n'a rebuté l'intrépidité de mes recherches. Toutes les brochures du temps, les papiers publics les plus rares, les journaux des

Jacobins et de la *Montagne*, les porte-
feuilles des particuliers, les conversa-
tions des principaux acteurs et de leurs
amis, tout a été mis à contribution
par mon ardeur pour la vérité. Je
voulois la découvrir à tout prix ; et je
me flatte de la dire avec la plus sévere
impartialité : sans avoir plus d'égards
pour mes propres amis, que je n'en
montre pour les ennemis de ma patrie. En écrivant, j'étois persuadé que
je ne connoissois aucun de ceux dont
je parlois, qu'ils avoient vécu dans un
autre temps que le mien ; et me mettant à la place de la postérité, qui ne
sauroit ni les flatter, ni les craindre,
je crois en avoir parlé comme elle-
même en parlera.

Si quelqu'un venoit élever des dou-
tes contre ma véracité, je dissiperois
bientôt ces nuages, en lui disant à lui-

même : « Ou vous êtes de ces hom-
» mes qui, par la fougue d'un carac-
» tere irréfléchi, se font, sans le savoir,
» les instrumens des factions, toujours
» habiles à volcaniser les têtes caver-
» neuses ; et alors, l'aveuglement de
» votre frénésie ne diminue rien à la
» certitude de mes assertions, comme
» il ne peut faire que votre frénésie
» n'ait pas servi les factieux ».

« Si vous n'êtes pas de cette classe
» follement inflammable, vous êtes
» donc du nombre de ceux à qui mon
» ouvrage n'est pas favorable : mais vo-
» tre dénégation infirmeroit-elle les té-
» moins d'après qui je vous accuse,
» avec la conviction qu'ils m'ont donné
» de vos torts ? Puisse le regret que
» vous indiquez par-là, d'avoir mérité
» de perdre l'estime publique, produire
» en vous le projet de la poursuivre ?

» Vous me devrez peut-être l'avantage
» de l'avoir reconquise ».

Ceux que la pusillanimité de l'é-
goïsme, ou la froide immoralité de la
tolérante philosophie, rendent indul-
gens pour des maux qu'ils ne connu-
rent que légérement, ces profanateurs
de la clémence, vont m'accuser de
ressusciter des souvenirs, par qui les
ressentimens assoupis, seront aiguillon-
nés de nouveau. Etoit-ce là mon but?
Non; à Dieu ne plaise. Mais est-ce la
faute de l'histoire, si les personnages
qu'elle est forcée de mettre en scene,
sont les plus atroces scélérats qui aient
existé; et si le glaive des lois ne les
a pas encore soustraits à des vengeances obscures, par des supplices exem-
plaires? Est-ce ma faute, si de tels
monstres ne peuvent être amenés devant leurs victimes, sans leur causer

tous les frémissemens de la nature et de la probité?

L'historien est comme ce juge qui prononce, d'après les faits prouvés, sans acception des personnes. Est-ce donc lui qu'il faut blâmer, si celles qui com-paroissent à son tribunal, sont coupables d'énormes crimes, et si la procédure met ces crimes à découvert? Est-ce donc un si grand mal que, dans l'intégrité de sa magistrature, il con-damne ces monstrueux criminels à l'exécration de tout ce qui fait cas de la justice et de la vertu!

Anathême à quiconque voudroit qu'on oubliât des forfaits atroces, com-mis envers la société, envers l'huma-nité, comme on oublie quelquefois, par une sainte générosité, les injures personnelles qu'on a reçues. Anathême à celui qui, par la crainte de voir rechercher ses propres fautes, ou troubler son sybarisme, parle avec indulgence de tant d'attentats publics, comme si ce n'étoit que des insultes lointaines ou privées. Sans doute que l'homme vertueux sait s'abstenir de satisfaire sa vengeance, quand il n'est blessé que dans son amour propre ou son intérêt. Mais sans doute aussi, qu'il ne doit pas être impassible, quand il revoit l'assassin de ses semblables, le bourreau de la vertu.

Non : ce n'est pas en pure perte que l'auteur de la nature et de la morale, nous a donné cette admirable promptitude de convulsion que les gens de bien éprouvent à l'aspect des grands criminels : à la vue sur-tout de leur impunité, légalement consacrée? Ah! qu'il se sonde lui-même, ce prédicateur d'oubli, de pardon et

de paix ; et qu'il ose me dire ensuite
que son ame est forte, énergique,
pure et désintéressée ! Hélas ! jamais
il ne se passionnera pour la vertu, celui dont l'apathie philantropique me
conseille de regarder du même œil,
l'homme de bien qui m'édifie, et le
scélérat qui massacra mes freres.

Lecteur, tu ne seras donc point
surpris, si ma narration n'est pas toujours calme : si l'indignation m'exalte
souvent au-delà du ton de l'historien.
Le style uniforme et régulier peut-il
m'être constamment possible ? Mon
cœur et mon esprit ne sont pas de cette
trempe philosophique qui fait parler
tranquillement du mal, comme du
bien : et qui n'a qu'une teinte, comme
un coup d'œil, pour l'un et pour l'autre. Les regles ordinaires ne sauroient
me captiver dans cette affreuse his-

toire, où tout est horriblement inoui, extraordinairement atroce. C'est bien le moins qu'on me pardonne les écarts de l'horreur et de l'indignation, si toutefois encore, on ne veut pas me savoir gré d'avoir eu le courage de donner à mon siecle et aux siecles suivans, l'effroyable histoire des maux que la révolution a faits dans la ville où je suis né.

Lyon croulant dans le chaos, avec les flots précipités du sang des Lyonnois!..... Tel a été le sujet de mes méditations, depuis plus de deux années jusqu'à ce jour. Pendant ce long intervalle, je n'ai donc fait que traîner ma douloureuse sensibilité dans les œuvres du crime et de la mort. Oh! combien j'ai souffert, en me tournant et me retournant, sans repos, dans les forfaits, le sang, les cadavres et les décombres!

combres ! Cette horrible existence qui absorboit mes jours, a souvent empiété sur le néant du sommeil. Combien de fois il fut troublé par des spectres sanglans ! Combien de fois j'éprouvai le supplice inexprimable de voir en songe les Crancé, les Collot, les Challier, les échafauds, les têtes sans troncs, les troncs sans têtes!.... *Horresco referens.*

Epouvantable et repoussante entreprise, où, lorsqu'après une marche cruelle sur les vestiges de la plus féroce scélératesse, je croyois pouvoir me reposer sur les traits de magnanimité que les Lyonnois m'offroient de distance en distance, j'étois aussi-tôt enlevé de cette consolante pause, par l'infortune qui s'attachoit à leurs exploits. Cette affreuse scélératesse, se repliant en même-temps sur eux, pour les envelopper, me forçoit à rentrer dans la carriere de ses atrocités et de leurs malheurs.

Lecteur, je le prévois, je te le prédis même : plus d'une page de mon livre te fera frémir ; plus d'une fois tu le repousseras, en te promettant de n'en plus reprendre la lecture. Si ton ame est honnête et sensible, tu dois éprouver ces mouvemens inévitables de l'indignation, trop justement courroucée. Moi-même j'ai bien souvent rejetté la feuille que j'écrivois. Ah ! si tu souffres quelquefois des images déchirantes que je te présenterai : plains-moi d'en avoir vu les affreux modeles ; plains-moi de m'être cru dans la nécessité de te les peindre.

Mais enfin, ma tâche est consommée, et la tienne va commencer. Pardonne-moi les imperfections que j'ai pu laisser dans cette histoire. Elles sont

inséparables de l'étrange bouleversement que j'ai décrit. On n'a pas la
force de retoucher des ouvrages de ce
genre. On ne sauroit y mettre cette
main caressante qui donne quelquefois
la perfection, quand le plaisir l'anime
et que l'attention la dirige. Je sors
brusquement de mon travail, comme
celui qui, s'évadant d'un cachot effroyable, court au loin, sans s'amuser
à reporter les regards vers le séjour
dont il s'échappe.

Obstupui, steteruntque comæ et vox faucibus hæsit.

LISTE des principaux Ouvrages imprimés qui se trouvent cités dans cette Histoire, indépendamment des manuscrits et pieces originales.

Histoire de la conjuration d'Orléans. Paris. 1796.

Histoire de la révolution de Lyon, avant le 29 mai 1793, avec *pieces justificatives*, désignée dans le cours de cette Histoire, par *H. et P.*

Relation du siege de Lyon, imprimée en 1794.

Lyon tel qu'il étoit et tel qu'il est. Lyon. 1797.

Rapport de Courtois sur les papiers trouvés chez Robespierre. Paris.

Rapport de Saladin, au nom de la commission des onze, sur *Collot-d'Herbois, Vadier*, etc. Paris.

Premiere, seconde et troisieme parties de la Réponse de Dubois-Crancé aux inculpations de Couthon et Maignet. Paris. 1793.

Les Nudités. Lyon. 1792.

Offrande à Challier. Lyon. 1793.

Le Moniteur.

Les journaux des Jacobins, Débats et Correspondance.

Les journaux de la Montagne, etc. etc.

HISTOIRE

HISTOIRE DE LA RÉVOLUTION FRANÇAISE, DANS LA VILLE DE LYON.

LIVRE I.

Introduction. Notice historique sur le caractere po-litico-moral des Lyonnois. Opinion de Henri IV sur leur compte. Rapprochement habituel du tiers-état, de la noblesse et du clergé dans Lyon. Ex-citateurs de la révolution. Assemblée des Ordres. Députation aux états - généraux. Premiers mou-vemens. Renversement de l'antique administration municipale. Création soudaine d'un comité qui la remplace. Incendie des châteaux. Assassinat d'un soldat suisse. Intrigue pour le rappel de Necker. Complot contre le lieutenant de police. Remarque sur les chefs des séditions d'alors. Origine du sur-nom de muscadins. *Refroidissement de ce qu'on appelloit* patriotisme.

Une cité célèbre, la richesse, la gloire de l'empire français, et le désespoir des puissances étrangeres : détruite au nom de la France ; —

les Lyonnois, portion renommée de la nation la plus vantée pour ses lumieres, ses mœurs et ses arts : massacrés au nom de la loi, par des Français conspirateurs ; — Lyon, d'abord déchiré par diverses factions qui se l'arrachent, puis inondé de sang et réduit en cendres par celle qui l'emporte avec une fureur égale à toute la rage des factions vaincues : — voilà l'épouvantable tableau que s'est engagé de faire, comme d'après nature, un témoin oculaire, une victime même, qui ne survit à tant de malheurs, que pour avoir de plus celui de les décrire.

Oh ! qui me donnera les couleurs propres à représenter tant d'horreurs ! Lugubres écrivains des plus noires conspirations qui aient désolé le monde, que vos teintes sont foibles encore pour peindre celle-ci, pour exprimer ce que je sens, ce que j'ai vu ! C'est avec des larmes de sang que je pleure sur les désastres de ma patrie ; et c'est dans le sang de mes concitoyens, de mes parens, de mes amis, dans le mien même, qui semble encore couler sous mes yeux, que je dois tremper ma plume frémissante.

Les monstres vomis contre notre ville, par ces factions diverses, ont surpassé, dans leur intrépide fureur, les tyrannies les plus exécrables. Ils ont déployé la rage la plus implacable contre ce même Lyon, devant lequel celles-ci vinrent presque toutes s'adoucir. Néron, oui Néron lui-même, attendri par l'incendie qui dévora toute la cité des Lyonnois, s'empressa de la rebâtir, et de les consoler pàr une munificence sans bornes. Antoine les enrôla dans les légions romaines, où ils eurent pour étendard et pour emblême, le roi des animaux, symbole de courage et de magnanimité. L'impérieux et cruel Tibère, fléchissant avec respect devant leur amour inné de la liberté, réunit sur eux les priviléges du peuple romain, avec ceux d'une ville libre et d'un régime municipal. Leurs fastes sont pleins de traits d'affection et d'estime que les empereurs leur prodiguerent. Claude prouva lui-même, dans une harangue mémorable, qu'ils méritoient d'entrer au sénat. Auguste les combla de bienfaits. Adrien, Antonin, tous les Césars rendirent de mille manieres justice à leurs qualités. La réputation de leur candeur, de leur droiture, fut si grande dans l'Empire, qu'Ennodius vint chez eux pour en juger par lui-même. Il leur a rendu le témoignage que la vertu, naturalisée parmi les Lyonnois, étoit comme le lait de leur enfance (1).

---

(1) *Et natos Rhodani lac probitatis habet.*

Fideles aux divers gouvernemens sous lesquels ils passerent, jamais ils ne consentirent d'en devenir les esclaves. Le sceptre de l'autorité veut-il, au troisieme siecle, devenir un joug de fer? Aussitôt se forme une milice citoyenne qui va renverser les remparts de l'oppresseur, abattre ses tours menaçantes, et reconquérir sa liberté. Le premier usage que les Lyonnois en font, est de se rendre cette antique administration libre et municipale, qu'ils avoient perdue.

En passant sous la dynastie française, cette ville, incapable de se laisser asservir, conserva le régime populaire, et l'armée citoyenne, que dès-lors elle possédoit (1); et son inflexible passion de la liberté fut telle dans son respect à l'égard du pouvoir, que nos rois finirent par la respecter eux-mêmes comme un garant de la fidélité des Lyonnois (2).

---

(1) Ce régime étoit une administration consulaire, composée de cinq magistrats élus par le peuple. Cette armée citoyenne étoit, depuis 1228, ce que sont aujourd'hui les gardes nationales, établies dans toutes les communes. L'un et l'autre subsistoient à l'époque de la révolution.

(2) On a remarqué fort judicieusement que sous le régime de la monarchie, les Lyonnois étoient accusés de républicanisme, avec assez de fondement. Les intendans que la cour envoyoit dans leur ville, y éprouvoient toujours des désa-

La soumission raisonnée des habitans de Lyon pour des maîtres dont ils eurent lieu de s'applaudir de regne en regne, devint une habitude qui valut à la monarchie française cet attachement, qu'on devroit moins regarder comme un aveugle royalisme, que comme une juste affection pour des rois bienfaisans. Aussi celui de tous qui le fut davantage, Henri IV, déclaroit, dans un de ses édits, que « les sentimens des » Lyonnois le dispensoient d'avoir une citadelle » au milieu d'eux, et que la couronne n'avoit » pas de sujets plus fideles, ni l'état de meil-» leurs citoyens (1) ». Ce qui prouve encore que leur fidélité fut plutôt un sentiment de réflexion qu'une résolution de parti, c'est que leur déférence pour l'autorité royale ne les fit point renoncer aux institutions que le génie de la liberté leur avoit données. La révolution les a

----

grémens ; toute l'estime, toute l'affection des citoyens se portoient sur le prévôt des marchands, qui étoit le chef du corps municipal. L'auteur d'un mémoire *sur le commerce*, dit avec raison : « Lyon étoit habité et florissant sous le ré-» gime des rois, parce qu'il étoit administré républicaine-» ment ; Lyon est devenu désert et sauvage sous le régime » républicain, parce qu'on a voulu le gouverner avec des-» potisme ».

(1) Edit donné en 1594.

trouvés en possession de cette administration municipale et de cette garde nationale qu'elle apportoit à toutes les communes. Toujours libres et fiers jusques dans leur soumission, les Lyonnois ont su concilier l'indépendance de l'homme avec l'obéissance du citoyen.

Ce fut au milieu de ce peuple calme par raison, énergique par caractère, que le volcan révolutionnaire jetta ses laves les plus brûlantes. L'appât des grandes richesses que renfermoit cette cité commerçante, fixa les regards avides des factions ; et la population immense que lui procuroient ses manufactures, présentoit aux conspirateurs trop de bras mercenaires, pour qu'ils ne cherchassent pas à s'emparer de ce poste important. Sa situation topographique en rendoit la possession nécessaire pour influencer les provinces méridionales, en même-temps que de Paris on donneroit l'impulsion à celles du nord de la France ; la haine que Lyon avoit toujours montrée pour la tyrannie, vint servir les factieux, prompts à taxer d'esclavage toute subordination contraire à leurs projets. Ils profitèrent quelquefois utilement d'une telle ruse ; mais cette horreur de la tyrannie se tourna souvent contre eux, lorsqu'ils voulurent devenir eux-mêmes des tyrans. Delà cette rage extrême, à chaque contrariété qu'ils éprouverent dans l'exécution de leurs complots.

Il ne faut pas le dissimuler : Lyon fut quelques instans séduit par ce cri de liberté, répété perfidement dans ses murs, où régnoit depuis long-temps celle qu'ailleurs on réclamoit peut-être avec plus de raison. Lyon, dans un délire qui ne fut pas long, sembla croire qu'il n'étoit pas libre ; et les clameurs que les stentors de la capitale faisoient retentir au loin contre la dépravation de la cour, l'insolence des grands, les abus du gouvernement, communiquerent à cette ville la commotion qui commença d'agiter la France, dès l'année 1788. Mais pouvoit-elle durer long-temps, cette illusion humiliante de son propre esclavage, dans une ville où florissoit le commerce ; lorsqu'on pensoit que la prospérité commerciale dont elle jouissoit, suppose toujours cette vraie liberté que reglent les loix ; lorsqu'on appercevoit que la liberté nouvelle, avec tous les symptômes de la licence, ne faisoit rien qui ne tendît à détruire l'industrie et le commerce ? Dès ses premiers essors, elle portoit des atteintes mortelles à l'aisance, à la félicité publique des Lyonnois. La frénésie qu'on montroit par-tout contre ce qu'on appelloit *les aristocrates*, ne pouvoit encore être qu'un accès éphémere dans une ville où tout noble voyoit dans le peuple, la place de laquelle il étoit sorti; où le simple ouvrier pouvoit obtenir d'être porté par l'estime publique, aux fonctions consulaires qui conféroient la noblesse; où presque tous les nobles étoient liés d'intérêt et même de parenté, avec la classe commerçante qui alimentoit l'industrie nourriciere du peuple. Ces relations indestructibles de la noblesse avec le négociant, auquel elle fournissoit des fonds : et du négociant avec le peuple laborieux, qu'il faisoit vivre des fonds prêtés par la noblesse, devoient rapprocher toutes les conditions, malgré les efforts des factieux pour les désunir et les armer les unes contre les autres.

Après ce coup d'œil général sur le caractere, les mœurs et les habitudes particulieres des Lyonnois; après ces observations nécessaires pour comprendre ce que leur conduite eut de singulier dans la révolution, commençons-en l'histoire par l'exposé rapide des événemens qui précéderent les grandes catastrophes, au développement desquelles cet ouvrage est spécialement destiné.

Ce fut avec joie qu'on reçut à Lyon, comme ailleurs, l'annonce des états-généraux, parce qu'on crut y voir un remede aux maux de la

France. Mais à Lyon, où le mécontentement n'é-
toit pas extrême, où l'esprit d'innovation avoit
peu d'empire, l'impulsion d'enthousiasme eût
peut-être été foible, sans la nouvelle force
qu'elle reçut des protestans, établis en grand
nombre dans cette ville. La banque et le commerce qu'ils y avoient exercés paisiblement sous
les auspices de la bienveillance hospitalière des
Lyonnois, leur avoient procuré des richesses qui
leur donnoient une dangereuse prépondérance.
Le souvenir vindicatif de la Saint-Barthelemi,
le dépit subsistant de la révocation de l'édit de
Nantes, l'espoir ardent d'échapper aux gênes
d'une sévere compression, concoururent plus que
toute autre cause, à faire proclamer l'annonce
des états-généraux, comme l'aurore du bonheur
public, dont on désignoit pour garant ce finan-
cier calviniste que l'état venoit de se redonner
pour tuteur. L'influence que des esprits exaltés
par la passion, et soutenus par l'opulence, ont
sur les esprits populaires, donna beaucoup d'é-
chos aux exclamations des protestans en l'honneur de la liberté naissante.

Cette influence fut remarquée, même avant
que les trois ordres ne s'assemblassent pour la
nomination de leurs députés aux états-généraux.
Dans des assemblées illégalement provoquées par

des protestans, ils inculquoient leurs principes, annonçoient leurs espérances particulieres, et se proposoient eux-mêmes pour aller manifester aux états les vœux des Lyonnois.

Les préventions que dès-lors ils avoient inspirées en leur faveur, étoient telles, que l'on rejetta avec dédain les observations qu'un ami de l'ordre et des loix fit imprimer à ce sujet, parce qu'elles étoient propres à détourner les suffrages qu'ils attiroient avec force (1).

Une autre secte qui, sous des emblêmes ridicules de fraternité et d'égalité, avoit si prodigieusement multiplié ses adeptes, depuis surtout que le duc d'Orléans en étoit devenu le grand-maître : la secte des Francs-Maçons acquéroit une puissance qui, loin de contrarier celle des protestans, servoit à généraliser ses vues, à propager son crédit. Une multitude de

------

(1) Cette brochure est un témoin précieux de l'ambition des protestans en cette rencontre. On la doit à un honnête négociant, nommé Andrieux-Poulet. L'auteur y rappelloit avec des regrets obligeans, que l'édit de 1787, qui leur accordoit l'état civil, les excluoit formellement des fonctions publiques; et il en concluoit qu'il falloit s'abstenir de nommer des protestans aux états, parce qu'une telle nomination ne pouvoit qu'être une désobéissance attentatoire à l'autorité du législateur. (*Assemb. chez les Carmes*).

loges dispersées dans Lyon , et aboutissant à une loge centrale , lesquelles étoient les types et les berceaux des différens clubs et du club central , dont nous serons souvent obligés de parler , préparerent les élections et fournirent les candidats.

L'assemblée générale des trois ordres fut convoquée suivant les formes prescrites par ce mémorable réglement, qui organisa en quelque sorte la révolution. Elle s'annonça , dès la premiere séance, par un ferment d'insurrection qui souleva les nobles contre la noblesse, les curés contre le clergé, le tiers-état contre lui-même , et chacun des trois ordres contre les deux autres.

Aucun d'eux n'avoit encore pu délibérer validement en particulier, et cependant, par un mouvement généreux , un des plus nouveaux d'entre les nobles s'éleva dans cette premiere assemblée générale, pour faire, au nom de tous, l'abandon de leurs privileges. Les plus prévoyans d'entre eux , renonçant néanmoins de cœur à ces avantages, pensoient , qu'il valoit mieux réserver la solennité de ce sacrifice pour servir d'olivier de paix à la premiere contestation ; mais ce jeune noble, appellé Deschamps, jurisconsulte estimé, étoit lancé par la fougue

révolutionnaire des écrits publics et des con-
seils privés de son ami Servan, l'ancien avocat-
général du parlement de Dauphiné (1). Il brus-
qua les bienséances; et la renonciation fut faite
par celui qui avoit le moins de droits pour la
faire.

Cet abandon trop prématuré pour pouvoir
être prévu, fut un piege embarrassant pour le
clergé, que le tiers alloit accuser de n'avoir

---

(1) Frère de ce général Servan, qui fut ministre avec
Rolland. Cet ex-magistrat parut chargé d'activer à Lyon
la révolution par ses écrits. C'étoit sous l'anonyme qu'il les
publioit; mais Brissot, dans son journal, se hâtoit de le nommer, en les annonçant avec éloge. Servan donna, comme
Syeyes, un *Catéchisme du tiers-état;* et il le surpassa. Son
pamphlet le plus remarquable, par les provocations révolutionnaires qu'il renfermoit, fut une *Adresse aux amis de
la paix,* dans laquelle, entre autres choses, il prêchoit
ardemment la formation des clubs. Deux mois après, il
chanta la palinodie dans un petit *Supplément à l'Adresse,*
qu'il n'avoua point aux patriotes. Il le renia même en face
de Challier, qui vint chez lui pour l'interpeller à ce sujet.
Ce n'étoit que pour un certain ordre de gens, qu'il disoit,
dans ce *Supplément,* que « l'autorité du roi étoit mécon-
» nue, la religion ébranlée, le crime sans frein : qu'il fal-
» loit pleurer sur les ruines de la patrie, en attendant une
» nouvelle législature ». *L'Adresse* avoit paru vers la fin
de 1789, et le *Supplément* fut donné au commencement de
1790.

pas donné le premier exemple du désintéres-
sement. Mais les ecclésiastiques en devinrent
spontanément à l'envi les imitateurs, avec le regret d'avoir été devancé ; et le reproche n'eut
pas lieu.

Cette émulation de générosité, commandée
par les conjonctures, électrisa même cette portion du tiers-état qui possédoit certaines immu-
nités, particulieres aux bourgeois de Lyon. Il
n'en étoit pas une dans tout l'arrondissement de
la sénéchaussée, dont le sacrifice ne se fît au
bonheur du peuple, au salut de la patrie.

Les trois ordres retirés ensuite dans leurs
chambres respectives, y furent agités de l'orage
soufflé par la seule faction qui subsistoit alors (1).
Ce que leur tourmente eut de singulier, ce que
leurs excitateurs firent d'incompréhensible, ce
que leurs doléances eurent d'étonnant, s'est ex-
pliqué depuis, dans l'entier développement de
cette faction, alors encore voilée aux yeux des
Lyonnois. Seulement ils sentoient que Necker
maîtrisoit les assemblées de la noblesse et du
clergé, comme celle du tiers. Il y étoit la divi-
nité toujours présente ; et quand une difficulté

____

(1) Voy. *Hist. de la conjuration d'Orléans.*

majeure s'élevoit, c'étoit, non au roi, non à son conseil, mais à Necker personnellement qu'on demandoit une décision ; et Necker prononçoit, de son autorité privée. Les cahiers porterent l'empreinte de son esprit : on remarqua dans ceux de la noblesse, peu de respect pour les biens du clergé ; et dans les cahiers du clergé, peu de véritable zele pour la religion dominante (1).

La même influence dirigea le choix des dépu-

---

(1) En demandant (p. 15 des *cah. de la nobl.*), qu'à la dette publique fussent ajoutées toutes les dettes contractées par les villes, corps, compagnies et corporations, pour prêts, ou dons versés au trésor royal, la noblesse déclare « ne point » entendre la dette du clergé sous la désignation de dette de » corps, etc. »

Les *cahiers du clergé* (p. 9), parlent de la nécessité de la religion en général ; et à la suite de plusieurs phrases entortillées, ils disent légérement « que le culte public doit être » exclusivement réservé à la religion catholique, apost., etc. » L'addition de ces mots : *Apost. et romaine* ne s'obtint pas sans peine et sans débats de ceux qui avoient rédigé les cahiers.

On trouve dans leur préambule, cette assertion jusqu'alors inouie : *C'est du corps de la nation que le clergé a reçu ses biens.* L'abbé Lachapelle, qui eut le plus de part à la rédaction des cahiers du clergé, étoit ami des jansénistes et des économistes,

tés dans chaque ordre ; la majeure partie d'entre eux montroit des dispositions formelles de dévouement, et l'autre n'en annonçoit presque point de résistance. Milanois et Périsse, illuminés *Martinistes ;* Couderc, l'un des coryphées de la secte protestante ; l'abbé Charrier, devenu le champion du jansénisme, marcherent en tête de la députation lyonnoise, dans laquelle on distinguoit encore d'autres *maçons ,* un noble ouvertement *économiste ,* l'avocat Deschamps, dont nous avons parlé, et le célebre avocat Bergasse (1).

---

(1) Liste complette de cette députation.

Pour le clergé : l'abbé de Castellas, doyen du chapitre des comtes de Lyon ; Mayet, curé de Rochetaillée ; Flachat, curé de N. D. de St. Chamont ; et Charrier de la Roche, prévôt du chapitre noble d'Ainay, curé de la paroisse du même nom.

Pour la noblesse : le marquis de Montdor et le marquis de Loras ; MM. Boisse et Deschamps.

Pour le tiers-état de la ville : Périsse Duluc, libraire, *rollandin* des plus déterminés ; Milanois, ancien avocat du roi en la sénéchaussée, orateur enthousiaste de la loge des *Martinistes ;* Couderc, banquier, calviniste des plus subtils et des plus riches ; et Goudard, négociant.

Pour le tiers-état de la campagne : Girerd ; Bergasse ; Durand et Trouillet.

Dès – lors Lyon se trouva placé sur une fermentation sourde qui éclata d'une maniere effrayante à la nouvelle de la réunion des trois
ordres aux états – généraux. L'historien de la
conjuration d'Orléans remarque (1), que ce fut
à la place *Dauphine*, habitée de préférence par
les protestans de Paris, que les premieres ex-
plosions populaires eurent lieu dans la capitale;
nous remarquerons de notre côté, qu'à Lyon,
ce fut des rues où les plus puissans d'entre eux
demeuroient, que partit le mouvement qui, le
soir du jour où l'on apprit cette réunion, répandit dans la ville une multitude d'ouvriers,
de femmes et d'enfans, enivrés, ordonnant aux
citoyens d'illuminer, jettant dés pierres aux fenêtres de ceux qui n'obéissoient pas, et vomis-
sant des imprécations singulieres par leur nouveauté. Jusqu'alors les odieuses qualifications d'*a-
ristocrates* et de *calottins* n'avoient pas été seulement balbutiées par cette populace, qui paroissoit
animée d'une fureur qu'aucun mécontentement
particulier ne pouvoit lui rendre personnelle. Et
cependant elle proféroit les nouveaux anathêmes
avec une facilité qui seroit incompréhensible, si

------

(1) Voyez l'*Hist. de* cette *conjuration*, tom. **I**, pag. 168,
à l'occasion du rappel de Necker.

l'on

l'on ne suppose pas qu'elle avoit eu des maîtres ;
car on peut la comparer à cette Pythonisse ,
qui n'entroit en délire, et n'étonnoit par ses discours, que lorsque le trépied , couvert de la
peau du serpent, enflammoit ses esprits.

Cet événement de la réunion qui causa une
joie si délirante , entraîna la dissolution de l'autorité consulaire qui régissoit Lyon , depuis un
temps immémorial. Elle disparut devant un comité , composé tout-à-coup de commissaires des
trois ordres, qui s'empara des affaires publiques , et s'établit à sa place, dans l'hôtel de
ville. Leur inexpérience eut besoin de permettre
un reste de vie au consulat ; ils en appellerent le
principal échevin à leurs séances , et laisserent
la police à l'ancien commissaire. Mais l'un et
l'autre trouverent plus de mortifications qu'ils
ne rendirent de services, dans des fonctions qu'on
ne leur laissoit qu'avec défiance.

Ce nouveau corps administratif, soit par son
impéritie en des circonstances aussi critiques ,
soit par l'effet de sa composition hétérogene ,
soit par celui de sa volonté , sembloit lâcher la
bride aux irruptions populaires. Elles éclaterent
avec les cris de liberté , d'égalité , dans le temps
même que Mirabeau tonnoit à Versailles , pour
que le roi renvoyât les troupes dont il s'étoit

Tome I. Hist. de Lyon.   B

environné ; dans le temps même que l'on agitoit les bourgeois de Paris , par la crainte de brigands supposés ; et qu'on répandoit dans les
campagnes , l'ordre de brûler des châteaux. Les
barrieres de Lyon furent alors incendiées par
des bandits inconnus , si acharnés , qu'on ne put
les empêcher de consommer leur entreprise , et
si heureux qu'on n'en découvrit aucun.

Cet incendie fut une traînée de poudre qui
sembla mettre le feu aux châteaux du Dauphiné , dans le voisinage de Lyon. En se prome-
nant sur les quais de la ville , on voyoit toute
en flammes , la partie de cette province qui y
touche. Les Lyonnois , émus par cet affreux
spectacle , le furent bien davantage par les cris
de désespoir que poussoient vers eux les propriétaires et les principaux habitans de ce pays
ainsi désolé. La jeunesse de Lyon prit les armes ;
et , guidée par des citoyens , négocians pour la
plupart , elle alla donner la chasse aux incendiaires. Elle en arrêta quelques – uns ; et elle
sauva ce que leur torche n'avoit pas encore dé-
voré.

Cette action mémorable devint , aux yeux de
la faction qui commandoit ces forfaits , un premier titre à sa haine contre les Lyonnois ; et les
chefs de cette expédition furent dès-lors notés

par la malveillance. On ne leur pardonna pas
sur-tout d'avoir livré à la justice deux coupables qu'elle avoit fait pendre sur les lieux du
délit.

Alors la justice, encore exempte des altéra-
tions qu'elle a subies depuis, n'avoit point dé-
posé la sévérité de l'ancienne jurisprudence
contre de tels crimes. Elle ne connoissoit point
encore cette indulgence pour certains attentats,
commandés et payés, que l'innovation des *intentions révolutionnaires* a fait absoudre, dans
des temps postérieurs. Le monstre qui voulut,
sur la personne d'un soldat du régiment suisse
de *Sonnenberg*, alors caserné à Lyon, donner le
signal d'un massacre semblable à celui des Fou-
lon, Berthier et Flesselles, n'échappa point à la
rigueur des loix, malgré la confiance qu'il en
avoit. Il expia sur la roue, cet assassinat dont
les détails, tout horribles qu'ils sont, ne sauroient être indifférens à l'observateur.

Ce régiment inébranlable dans son amour de
l'ordre, imprimoit trop de contrainte aux scélérats pour qu'ils ne fussent pas irrités contre lui.
Mais n'osant l'attaquer en corps, ils chercherent
à s'en venger sur des soldats, pris isolément.
L'un de ces militaires est assailli par quelques
brigands dans la promenade *Perrache* : il se dé-

fend sans succès ; les assassins, ayant en tête un nommé Saunier, cordonnier, le traînent, en l'accablant de coups, du côté de la ville, jusqu'au plus prochain réverbere, où Saunier, avant de suspendre cet infortuné qui vivoit encore, lui extirpe les yeux avec les instrumens de son état. Quelques femmes l'aident avec leurs ciseaux ; ensuite tous ensemble le hissent au bras de la lanterne, qui se casse ; le cadavre tombe : ils le transportent à un autre réverbere qui leur semble plus convenable, par sa position sur la place de Louis-le-Grand, dite de *Bellecour* : parce que c'étoit le quartier préféré de la noblesse.

Pendant cette premiere scene de meurtre, si facile à arrêter, et qui dura néanmoins depuis cinq heures du soir jusqu'à onze, le *Lafayette* que la nouvelle garde nationale de Lyon avoit pour chef, Dervieu du Villars, dormoit, ou s'étoit caché. Il ne parut qu'après que le crime fut consommé ; et tout le service qu'il rendit au malheureux suisse, fut de faire transporter à l'hôpital, son cadavre déchiqueté.

Cet assassinat, destiné sans doute à devenir le signal d'une grande effusion de sang, eut des suites propres à déconcerter ceux qui pouvoient la vouloir. Le régiment suisse, instruit dans ses casernes de cet horrible attentat, avant même qu'il ne fût consommé, vouloit s'élancer hors de la consigne, pour venir éteindre dans le carnage la fureur qu'il ressentoit. Il eût causé des malheurs épouvantables, et fourni de spécieux prétextes à son renvoi, tant desiré par les anarchistes. Mais les chefs de ce corps le retinrent avec une grande prudence ; et le régiment leur rendit un bel hommage d'estime et de soumission, en leur sacrifiant l'impétuosité de sa vengeance.

Necker, renvoyé du ministere, pendant que ces événemens se passoient à Lyon, ne laissa pas cette ville indifférente sur sa retraite. Il y avoit trop d'amis, pour qu'on n'y réclamât pas en faveur de son rappel. On proposa au comité de le demander au roi ; et, pour donner à cette demande les couleurs du vœu de toutes les classes, plusieurs orateurs parlerent dans le même sens, au nom de chacune d'elles. Les plus remarqués furent Dubois, commis-associé d'un banquier, lequel montra pour Necker un enthousiasme analogue à celui qu'il avoit manifesté dans la chambre du tiers ; et l'avocat Lemonthey, enfant gâté des protestans (1), qui, parlant pour

––––––––––––

(1) Il avoit fait imprimer plusieurs pamphlets en leur faveur, quelque temps avant la révolution.

la classe ignorante et paisible des campagnes, lui faisoit dire néanmoins en style ampoulé : « Nous avons un Henri IV, il nous faut un Sully ». En conséquence, une adresse fut rédigée : ces deux *neckeristes* y eurent la plus grande part ; tous les citoyens furent invités à la signer ; et Louis XVI reçut de Lyon, une demande presqu'impérieuse du rappel de Necker, en qui beaucoup de signataires croyoient encore voir le sauveur de la nation.

Le comité eut sa part de l'inquiétude générale que la pénurie artificielle des subsistances causoit dans le royaume. Cette inquiétude amena des altercations vives qui diviserent les membres du comité ; les modérés s'en éloignerent : et l'autorité resta entre les mains de ceux qui se piquoient de ne pas l'être.

Le plus molesté des officiers publics, en cette rencontre, fut le lieutenant de police, Rey, dont cependant la conduite étoit une véritable providence pour la ville, tant sous le rapport des approvisionnemens, que sous celui de la répression des troubles. On lui doit le témoignage, que malgré les entraves mises par les agens d'Orléans, à la circulation des grains, Lyon n'en avoit pas manqué ; et que malgré les efforts journaliers des factieux, leurs plus affreux complots s'étoient évanouis devant sa vigilance. C'est pourquoi ils résolurent de se débarrasser d'un surveillant si contraire ; et suivant la méthode déja employée à Paris, ils déciderent qu'au moment où il sortiroit, pour se rendre à un appel supposé du comité, l'on feroit introduire dans la poche de son habit, une fausse lettre du comte d'Artois ; ensuite, tout-à-coup accusé par une clameur publique, il devoit être fouillé devant une populace qu'on espéroit porter à renouveller envers lui la tragique scene de Flesselles. Rey en fut prévenu, avant de sortir ; il fit coudre ses poches, puis marcha vers le comité, à travers les anthropophages appellés pour le dévorer, en regardant avec fierté ces tigres, déjoués par la précaution qu'il avoit prise.

Ainsi le peuple de Lyon ne se rendit pas coupable d'un meurtre qui eût porté le caractere d'une atroce ingratitude. Il n'y avoit pas un an que Rey, pendant les rigueurs d'un hiver mémorable, avoit mérité toutes les bénédictions de ses concitoyens, par les prodiges de sa conduite pour les préserver de la famine. Nuit et jour, sur les rives du Rhône entiérement congelé, il en avoit fait rompre sans cesse la glace toujours renaissante autour des moulins, les seuls qui pussent nourrir la ville ; et il les avoit ensuite arrachés à l'impétuosité de la débacle, lorsqu'elle rendit ce fleuve si terrible. Mais que reste-t-il des bienfaits reçus, même avec transport, par le peuple toujours ingrat ? Son éphémere reconnoissance résiste-t-elle à l'attrait d'une insurrection ?

Il sembloit en avoir alors un besoin qui tenoit de la frénésie. Les accès en étoient marqués les dimanches et les lundis, jours consacrés par abus à l'ivrognerie. Une émulation que les divers événemens de la capitale donnoient par secousses, augmentoit de temps en temps le danger. De ce que la Bastille avoit été prise et démolie, le peuple imaginoit devoir prendre et démolir le château de *Pierre-Scise* (1). Parce que de Paris on mandoit que « la vengeance populaire avoit puni » des traîtres », le peuple de Lyon étoit induit à croire que le patriotisme consistoit à désiguer des traîtres, pour les punir ensuite.

_____

(1) Ancien château, agréablement situé sur un roc escarpé, au bord de la Saóne, et tenant aux murailles de la ville. Il avoit été, dans l'origine, la demeure des archevêques, lorsqu'ils avoient la souveraineté de Lyon ; et il étoit devenu prison d'état sous les rois de France. Il a été démoli par Couthon.

La faction qui souffloit ces turbulentes erreurs, en espéroit bien plus d'effets qu'elle n'en obtint; et en cela elle se fondoit sur la réputation que le peuple Lyonnois avoit toujours eue d'être prompt à se révolter; elle se reposoit sur la preuve qu'elle s'en étoit fournie, quelque temps avant la révolution. Les incompréhensibles émeutes de tous les ouvriers en soie et chapeliers, réunis, qui l'avoient précédée, avoient eu pour chefs des hommes arrivés récemment de Paris (1), comme toutes celles qui ont éclaté depuis. Les tacticiens de la faction s'apperçurent bientôt que cette sorte de penchant à l'insurrection dans un peuple, qui n'en connoissoit d'autres mobiles que ses besoins et ses salaires, ne pouvoit être poussé par des spéculations politiques, à des excès inhumains, aussi aisément qu'on l'avoit cru.

Leurs manœuvres pourtant ne furent pas toujours infructueuses; car, aux approches de la

---

(1) Celle de 1787, entre autres, avoit eu pour excitateur et pour guide, le fameux Sauvage, connu à Paris pour un séditieux de profession. Il en étoit venu tout nouvellement; et sans être, ni Lyonnois, ni ouvrier, il s'étoit trouvé néanmoins à la tête des insurgés. Il fut arrêté et condamné au supplice de la corde.

formation de la première municipalité, ils parvinrent à faire massacrer les citoyens, les uns par les autres. Le dimanche 7 février 1790, on voyoit, dès le matin, une agitation sinistre dont on n'ignoroit pas le but. Le comité ne prenoit point les mesures nécessaires pour en prévenir les suites. Ce qui restoit encore de l'autorité consulaire, ne sachant plus jusqu'où pouvoit aller son pouvoir expirant, l'échevin Imbert, en qui elle s'évanouissoit, ne donna que des ordres tardifs. L'arsenal étoit menacé de pillage ; et lorsque la garde nationale, composée de ces mêmes jeunes gens qui avoient dispersé la horde incendiaire du Dauphiné, marcha pour le défendre, ils furent attaqués par une populace ameutée contre eux. Un de leurs bataillons osa tirer ; elle fondit sur lui, massacra plusieurs de ceux qui le composoient, et força le reste de la troupe à se cacher. L'arsenal fut si librement dévasté, que de bons citoyens se mêlèrent sans inconvénient aux insurgés, pour enlever des armes, dans le dessein de les conserver et de les rendre. Le pillage que les factieux avoient voulu, se faisoit ; ils étoient contens.

Ce fut en cette occasion que prit naissance un mot nouveau d'injure, qui devint, comme il arrive dans toutes les révolutions , le titre de gloire et de ralliement du parti auquel ses ennemis le donnent. Comme les soldats de cette première garde nationale étoient , pour la plupart , de jeunes négocians ou praticiens , proprement vêtus , et peut-être un peu parfumés , le peuple qui les crut musqués , les appela *muscadins.* Expression, dont ensuite les jeunes Lyonnois tirerent vanité , avec bien plus de raison que les infâmes anarchistes de notre temps ne se sont glorifiés de la dénomination de *sans-culottes* , que le mépris leur avoit donnée.

Il faut rapporter à cette époque l'affoiblissement de cet enthousiasme de révolution , appellé *patriotisme* , que tous les Lyonnois avoient éprouvé , dès le commencement. Les insurrections prenoient un caractère allarmant pour les fortunes et pour la vie des citoyens les plus considérés. Ce ne parut plus être que le soulevement d'un homicide brigandage contre les négocians et les propriétaires. Et comme ces mouvemens , imprimés par des factieux , se confondoient avec ceux de la révolution , elle parut coupable elle-même , aux yeux des Lyonnois , des attentats commis et projettés sous ses auspices. Le titre de *patriote* étant exclusivement revendiqué par des scélérats, les gens honnêtes ne le regarderent plus que comme un surnom déshonorant ; et l'on commença, dans la capitale, à se plaindre de ce que Lyon n'avoit point assez de patriotisme.

LIVRE II.

Début de Rolland et de son épouse dans la lice des révolutionnaires. Premiere municipalité. Fédérations solemnelles. Projet de contre-révolution, découvert. Journalistes de Lyon. Laussel commence sa mission d'anarchie et de sang. Naissance des clubs. Formation du club central. Notice historique sur Challier. Vitet devient maire. Prémieres actions remarquables de son ami Niviere, officier municipal. Multiplication des agens de la faction d'Orléans. Massacre de Guillin. Persécution des prêtres et de leurs prosélytes. Querelles ecclésiastiques. Arrivée de l'évêque Lamourette. Députation à la seconde assemblée nationale. Premiere vexation de la municipalité envers les citoyens.

ALORS commençoit à se montrer dans l'arene des intrigans, un homme ardent, cynique, tracassier, opiniâtre, hypocrite, impie et féroce, avec une ambition qu'excitoit une femme, bien plus adroite que lui pour l'intrigue : je veux parler de Rolland et de son épouse, devenus assez célebres pour que le lecteur me sache gré de lui raconter ce que més liaisons avec eux m'en ont fait connoître (1).

---

(1) Ce portrait étonnera ceux qui peuvent encore se représenter Rolland comme un homme probe et sensible, malgré les décrets barbares qu'il provoqua avec tant d'acharnement, en juin et août 1792, et malgré la conduite meurtriere qu'il tint alors. Si, avant qu'on ne se fût accoutumé à dépecer les corps humains, un homme eût sérieusement proposé de jetter tous les cadavres, non dans la terre qui les réclame, comme une portion d'elle-même : non sur le bûcher, dont la flamme éleve les regards vers l'immortalité : mais dans un sépulcral alambic, pour en extraire de l'huile humaine ; comment qualifieroit-on l'ame d'un tel novateur ? Ce novateur est Rollaud. Il proposa ce projet à l'académie de Lyon, en 1787, et le défendit avec obstination, dans une dispute polémique que je me permis d'avoir avec lui sur cet hideux sujet. Il dédaignoit en moi, comme des craintes puériles, celles que je lui témoignois de voir bientôt le peuple manger, par économie, l'huile destinée à l'éclairer, et assommer les hommes par cupidité, comme il assomme les chiens pour en tirer du profit. Il comptoit pour rien l'encouragement que donneroit aux assassinats, cette facilité établie d'en faire disparoître la trace. Dans l'éloge qu'il me répétoit froidement des avantages et de l'abondance de cette huile, pour entretenir nos lampes, alimenter nos réverberes....... il m'assuroit avec complaisance, que la manipulation en seroit facile, par le procédé de l'huile animale, très-usité à Paris. Dans cette décomposition de notre espece, il n'épargnoit pas même

Rolland, dit *de la Platiere*, né à Villefranche, en Beaujolois, d'une famille considérée, sans noblesse, avoit passé sa jeunesse loin de ses parens, en fils prodigue de son patrimoine. Mais il ne l'avoit pas dissipé dans ses courses, sans en rapporter quelques connoissances. En revenant dans son pays natal, il avoit amené de Paris l'épouse qu'il s'étoit choisie. Sans naissance et sans fortune, elle possédoit une figure agréable ; et son esprit avoit de la culture ; mais

---

nos ossemens : car il vouloit qu'on en tirât de l'acide phosphorique.

Le moment de déchirer les vivans, n'étoit pas encore venu ; Rolland s'en prenoit aux morts de toutes les manieres. Non content de décomposer leurs cadavres, il vouloit encore déchiqueter leur réputation. Il proposa, en 1788, à l'académie de Villefranche, de faire discuter la question de l'établissement d'un tribunal, chargé de la censure des morts ; et il soutint sa proposition avec une indécente opiniâtreté. Ni l'autorité des moralistes, qui ne permettent pas de troubler la mémoire des morts : ni la loi de Solon, qui défendoit aux Athéniens de mal parler d'eux, ne retenoient l'acharnement de Rolland à les poursuivre, au moral comme au physique. La querelle qu'il eut à ce sujet avec l'académie, lui imposa l'obligation de ne plus y reparoître ; des libelles qu'il avoit faits précédemment contre les personnes marquantes de la société de Villefranche, l'en avoient totalement exclus ; et ces retraites forcées n'avoient fait qu'irriter son animosité contre ses semblables.

elle gâtoit ces avantages par des afféteries qui trahissoient tout-à-la-fois, et son peu d'usage du monde, et les prétentions de sa vanité (1). On a eu tort d'avancer qu'elle étoit l'auteur des écrits de son mari; Rolland connoissoit l'art d'écrire, mais son style se ressentoit de l'âpreté de son caractere. Sa femme, chargée de copier ses ouvrages, prenoit soin de les polir en même-temps, et de les orner des agrémens dont ils étoient susceptibles.

Rolland avoit obtenu l'emploi d'inspecteur des manufactures de la généralité de Lyon, qui lui procuroit un appointement de huit mille livres, formant tout son revenu. Cet emploi s'évanouissoit devant les institutions départementales; Rolland voulut rattraper la fortune fugitive. Il visa d'abord à la mairie de Lyon; et pour s'y faire porter, il alloit déguisé, dans les tavernes, pour insinuer son nom aux ouvriers, en se mêlant à leurs orgies. Il distribua parmi le peuple même, un libelle contre les échevins, les nobles, les négocians : contre tous ceux, en un mot, qui pouvoient mériter la confiance pu-

---

(1) Madame Rolland avoit le ridicule de croire que le style familier étoit au-dessous d'elle. Elle affectoit de parler en conversation, comme on écrit pour une académie.

blique,

blique, afin d'écarter des fonctions municipales, ceux qu'on devoit naturellement lui préférer.

Mais ces expédiens n'eurent pas tout le succès que s'en promettoit Rolland. Le peuple ne se souleva point, à sa voix, contre les classes calomniées par elle; et presque tous les suffrages se réunirent pour porter à la premiere mairie de Lyon, un ancien membre de la cour des monnoies, Palerne de Savy, qui avoit été avocat-général dans l'éphémere *Conseil supérieur* de 1771, où il s'étoit distingué par son éloquence et sa probité : homme honnête, sensible, populaire, crédule et foible, qui, sans partager tous les torts de Bailly, devint presqu'autant la dupe de son enthousiasme pour la révolution.

Une subalterne place de notable fut tout le fruit que Rolland recucillit de ses manœuvres. Ce seroit peut-être une accusation précoce, d'affirmer ici, que dès-lors il étoit vendu au parti d'Orléans, pour lequel sa femme a dévoilé leur commun dévouement, dans son *Appel à la postérité* (1). Ce que je peux assurer cependant, c'est que Rolland étoit déja lié très-intimement avec Brissot.

---

(1) Espece de testament volumineux, que madame Rolland a laissé, pour s'entretenir avec la postérité.

Il arriva dans la nomination des premiers municipaux de Lyon, ce qui est constamment arrivé dans toutes celles où l'on a eu plusieurs choix à faire. Des électeurs honnêtes semblent avoir épuisé leur zele, après un premier succès contre la cabale des méchans. Les bons citoyens n'abandonnent que trop ordinairement les élections subséquentes, à l'intrigue qui jamais ne se décourage. En cette rencontre du moins, ils n'influerent point autant dans la nomination des officiers municipaux que dans celle du maire, parce qu'ils ne sentirent pas qu'un maire honnête, entouré de collegues foibles, nuls ou perfides, ne peut être qu'un magistrat impuissant contre les ennemis de la tranquillité publique.

Ces ennemis dangereux ne marquerent pas également leur influence dans la formation des administrations de district et de département. Elles furent néanmoins composées d'un mêlange de réformateurs politiques, parmi lesquels on remarquoit un calviniste, puissant en richesses. Tous étoient partisans de la révolution, et jouissoient encore de la considération publique, à laquelle ils renoncerent quelquefois ensuite, pour s'éviter les désagrémens révolutionnaires qu'ils eussent trouvés à s'y maintenir.

La garde nationale venoit de recevoir une organisation, dont la nouveauté causoit un peu
d'enchantement, lorsque la mode des fédérations vint l'augmenter, par celle qu'elle fit célébrer aux Lyonnois, dans le mois de juin 1790.
Les gardes nationales des départemens voisins
y furent invités; la cérémonie eut lieu dans un
vaste champ, éloigné de la ville, au-delà du
Rhône, dans la plaine des *Brotteaux*, auquel
elle valut le nom de *Champ de Mars*. Sur un
temple orné d'emblêmes païens, l'autel de la
religion catholique étoit dressé : ou y célébra
la messe; la statue de la liberté, placée au-
dessus, présidoit à l'auguste sacrifice. Les administrateurs et les citoyens-soldats prononcerent le serment de fidélité *au roi, à la nation :*
ce serment fut couvert des applaudissemens d'une
multitude immense, accourue de toutes parts,
à cette fête.

L'ivresse qui l'accompagna se reproduisit dans
celle du 14 juillet suivant, commandée par l'assemblée nationale, en mémoire de la prise de
la *Bastille.* Cette seconde fédération se célébra
sur la place de *Bellecour*, qui portoit le nom de
Louis-le-Grand, depuis l'inauguration qui y
avoit été faite de la statue équestre de ce monarque. Ce fut derrière ce monument, qu'on

dressa l'autel de la patrie ; la religion y offrit encore son sacrifice, et parut consacrer le serment qu'on y répéta. Mais, ainsi exposée à des irrévérences inévitables au milieu de rassemblemens aussi profanes, elle sembla n'y avoir été traînée que pour y rendre publiquement son dernier soupir. La radiation qu'on fit alors du nom de Louis-le-Grand, en substituant à cette place celui de *la Fédération*, présagea que la statue du monarque en disparoîtroit aussi bientôt.

Par une fatalité, dont la connoissance ne pouvoit qu'empoisonner toute joie publique, il étoit alors peu de fêtes qui ne fussent accompagnées de quelques mouvemens fâcheux. A l'époque de celle dont nous venons de parler, une nouvelle insurrection éclata, sans prétexte marqué. Incertaine dans sa marche, elle voulut d'abord, pour acquérir des forces, s'emparer des armes de l'arsenal : mais elle fut repoussée dans cette première tentative ; et le projet des révoltés échoua. Un de leurs excitateurs fut pris et condamné au supplice de la corde. Sans vouloir expliquer l'énigme de cette émeute, je dois dire, pour aider ceux qui voudroient en deviner la cause, que ce chef étoit, comme les précédens, arrivé de Paris depuis plusieurs

jours; qu'avant de marcher au gibet, il appella
son juge pour lui faire des révélations, au début desquelles il resta, en disant avec douleur :
« qu'on renverseroit le trône, après avoir ren-
» versé l'autel (1) ».

Vers le commencement de novembre suivant, l'exécution du décret, portant suppres-
sion des chapitres, excita les protestations de
celui des comtes de St. Jean de Lyon, dont
l'antiquité et la noblesse étoient si connues; mais
ces protestations, dont les collégiales de la ville
se firent l'écho, ne furent que de vains sons,
contre la puissance qui détruisoit ces corporations.

Ce qui causa plus de rumeur, vers le même
temps, ce fut la découverte qu'on fit d'un projet de contre-révolution, dont cette ville étoit
le foyer et le centre. Les dispositions avoient
été déja faites pour que le peuple se portât en
foule vers l'*Hôtel-de-Ville*, et forçât la municipalité de faire, au comte d'Artois et au prince

---

(1) La crainte d'obtenir, par ces déclarations, la connoissance de coupables trop puissans, donna au juge un embarras
qui ferma la bouche au déclarant. J'ai dû conserver ce trait,
parce que je reste seul des quatre personnes qui en ont été
les témoins. Le juge, le prêtre et l'exécuteur ont péri sous la
guillotine.

de Condé, un appel qu'ils attendoient à la cour de Turin, pour se jetter aussi-tôt dans Lyon. Quatorze mille hommes de troupes de ligne, dispersés dans les environs, devoient seconder l'entreprise ; la plupart des gentilshommes d'Auvergne étoient déja venus, en armes, pour la même fin. Des pamphlets répandus avec profusion parmi le peuple, lui faisoient déja souhaiter que la cour de France abandonnât Paris, pour venir se réfugier à Lyon. Tout étoit arrangé de maniere à promettre la réussite ; l'impulsion même avoit été donnée, lorsqu'une défense inopinée du roi et *de la reine*, vint déconcerter le projet, et livrer par-là, aux fureurs des *patriotes*, ses auteurs déja mis en évidence. On arrêta comme tels, Guillin, ancien échevin et jurisconsulte, le marquis d'Escar, le comte d'Egrigny et le chevalier Terrasse de Tessonnet, qui organisoient cette espece de contre-révolution. Ils furent conduits enchaînés, à Paris, où, après huit mois de captivité, ils ont trouvé leur salut dans l'amnistie que produisit l'acceptation de la premiere charte constitutionnelle.

Quel fut, en cette affaire, le motif du roi pour exposer ainsi, par une opposition tardive, les plus dévoués partisans de son ancien pouvoir ? Etoit-ce fidélité à la constitution, dont il avoit déja sanctionné quelques articles ; ou craignoit-il que cette secousse si favorable à son autorité, ne communiquât des commotions terribles au reste de la France ? Ou bien encore, est-il vrai, comme on le disoit alors, que cette défense lui avoit été dictée par une reine superbe, qui ne vouloit pas que le roi dût à son frere le rétablissement de sa puissance ?

Les invectives que ce complot occasionna, de la part des ennemis de Louis XVI, furent avidement recueillies et répétées, dans un journal *patriotique*, qui, depuis plusieurs mois, sous le titre de *Courier de Lyon*, faisoit le même office que celui des Brissot, des Gorsas à Paris. On y lisoit des déclamations animées du même esprit, et des provocations marquées au même coin. Ce journal, qui se soutint, sans le secours de ses abonnés, dont le nombre fut toujours très-petit, paroissoit sous le nom de l'avocat Champagneux, dit *de Rosieres*, dauphinois de naissance, pour qui Rolland devint ensuite un Mécene. Je n'oserai pas affirmer que c'étoit la faction, à laquelle celui-ci vendoit ses services, qui encourageoit alors ce libelle périodique ; mais je remarquerai que, deux ans après, on a reproché, non sans fondement, aux successeurs de Champagneux, d'être payés par les *rollan-dins* (1).

Le successeur de Champagneux fut un prêtre, sorti de la congrégation des Doctrinaires, nommé Laussel, qui devint ensuite l'ami de Challier et le protégé de Marat. Arrivé de Gascogne, quelque temps auparavant, il avoit surpris la confiance du conseil de l'archevêque de Lyon, qui ne tarda pas à l'expulser du poste où il l'avoit placé. Repoussé avec mépris de tout le monde, cet homme, vivant avec une fille qu'il appelloit sa sœur, et qu'il épousa, deux ans après, sur la place même des *Terreaux*, pour donner authentiquement le scandale nouveau du sacrilege et de l'inceste réunis: cet homme abominable déshonoroit la révolution par ses écrits, comme il avoit déshonoré son état par ses mœurs. Rien de plus incendiaire, de plus altéré de sang, de plus dégoûtant d'ordures, que les feuilles du journal qu'il donnoit,

---

(1) Il avoit pour collaborateur, un ministre des protestans de Lyon, Frossard, confident intime et coopérateur zélé de Rolland, associé et correspondant de la funeste société des *Amis des Noirs*, en Angleterre : des ouvrages de laquelle il venoit de répandre une traduction compilatoire, sous un titre nouveau, qui déféroit *la cause des Noirs au tribunal de la raison, de la morale et de la religion.*

sous le nom de Carrier, qui en étoit l'entrepre-
neur. C'étoit chaque jour une nouvelle invitation au meurtre ; il ne parloit que « d'éventrer :
» de livrer les cadavres aux sinistres corbeaux :
» de mettre les boyaux en bandouliere : de boire
» dans les crânes ». En désignant les personnes
qu'il vouloit immoler, il crioit sans cesse : *Des
piques ! citoyens , des piques* ; marquant , par
des points d'admiration renversés , l'usage qu'il
falloit en faire. Ces signes ¡ ¡ ¡ ¡ , qu'il multi-
plioit , indiquoient assez visiblement qu'elles
serviroient à porter les têtes qu'il vouloit faire
abattre.

C'étoit un prêtre apostat qui pressoit le peuple de se munir de piques ; et c'étoit un autre
prêtre rénégat qui travailloit le plus efficacement à remplir les vœux de Laussel. Un Bas-
Normand, nommé Bottin , qui depuis plusieurs
années s'étoit emparé , par permutation , de la
cure de St. Just, rassembloit, en un club, les
crapuleux ouvriers et les nombreuses mégeres ,
dont sa paroisse abondoit. Là , après plusieurs
exhortations incendiaires , il fit à ces femmes
une distribution de piques, pour la fabrication
desquelles il n'avoit pas rougi de quêter des fonds,
auprès des gens même contre qui elles devoient
servir.

Ici le lecteur commencera de faire une obser-
vation qui lui reviendra souvent à l'esprit, dans
le cours de cette histoire. C'est que la plupart
des scélérats qui mirent en fermentation la lie de
la cité lyonnoise, ou qui s'y distinguerent par
de grands forfaits, n'étoient point nés dans ses
murs. C'étoient de ces êtres qui, forcés par le
besoin ou la diffamation, de quitter leur pays
natal, avoient été attirés dans cette ville par les
ressources diverses qu'elle offroit ; ou bien c'é-
toient de ces émissaires que la faction d'alors vo-
missoit dans les communes les plus populeuses.

Pour être secondée dans la propagation de ses
principes révolutionnaires à Lyon, elle y avoit
déjà formé une *société d'amis de la constitution*,
dont la conduite devoit correspondre avec celle
du club *Breton*, qui faisoit à Paris les principaux
efforts, en faveur de cette faction. Mais la société de Lyon n'étoit qu'un vain simulacre de ce
club principal. Excepté quelques initiés qu'elle
renfermoit, la majeure partie de ses membres
étoient des procureurs, des notaires, qui s'y
étoient enrôlés, dans la vue de détourner par-là,
certaines réformes qu'ils vouloient écarter de
leur état. Le reste étoit composé d'ambitieux,
qui, par cette association, se croyoient dans la
pépiniere des législateurs à venir.

Cette inerte et molle société, avec le ridicule académicisme qu'elle étaloit, ne remplissoit pas les intentions des factieux. Ils la dissiperent, et s'agiterent pour en rassembler une autre, plus active et plus utile. Par-tout où la curiosité populaire pouvoit les entourer, ils s'établissoient : à la maniere de ces empiriques, qui appellent le peuple sur les places, pour lui distribuer du poison. Ainsi parurent, dans l'église des Jacobins, l'orfevre Perret, et quelques autres saltimbanques révolutionnaires, dont ces parades insurrectionnelles finirent par attirer la populace à leurs grandes séances de la vaste loge maçonique de *Pilata*. Là elle étoit endoctrinée par le médecin Gelibert, le chirurgien Carret, le prédicant Frossard, par Rolland lui-même. Mais Laussel surpassa tous ces discoureurs par son journal.

Ses feuilles étoient comme ces vents corrupteurs qui vont faire éclore sur les marais, des germes pestilentiels et des insectes mal-faisans. Tout ce qu'il y avoit d'ames nées pour le crime, dans la fange et la lie du peuple, s'éveilla, se reconnut, se rechercha, se réunit en des conciliabules, où l'ignorance et la grossiéreté ne le cédoient qu'à la scélératesse. Le journal de Laussel en étoit le guide, et celui de Marat en étoit le Koran. Ces deux journalistes de la vile populace, avoient une identité de principes qui devoit leur gagner son affection. L'invitation répétée de s'abreuver du sang des riches, pour s'enrichir plus aisément de leurs dépouilles, ne pouvoit qu'entraîner ceux à qui Laussel osoit la faire (1).

La manie des clubs devint même si grande, que les femmes du bas peuple voulurent avoir le leur. Elles se convoquerent, avec une solemnité grotesque, dans la bibliotheque des religieux Jacobins. Mais ce club féminin n'eut qu'une existence passagere : ce que les mauvais plaisans attribuerent à sa tumultueuse loquacité. Il est plus vrai de dire que ces femmes, ridiculisées, et manquant de moyens pour alimenter leurs séances, préférerent d'assister à celles du club central, récemment établi, où elles pouvoient jouer un rôle conforme à leurs

––––––––––––

(1) Marat avoit pour épigraphe : *Ut redeat miseris, abeat fortuna superbis;* et le prêtre Laussel paraphrasoit, chaque jour, à sa façon, ce passage de son bréviaire : *Esurientes implevit bonis, divites dimisit inanes.* « Ce sera », dit aussi l'abbé Syeyes, à quelqu'un qui lui demandoit quand finiroit la révolution, « ce sera lorsque ces paroles prophéti- » ques seront entiérement accomplies ». (*Hist. de la conj. d'Orl.*)

goûts, analogue à leurs facultés, en applaudis-
sant en furies, aux horribles discours qui s'y
tenoient.

Ce club central étoit l'égoût de ce qu'il y
avoit de plus immonde dans les clubs de chaque quartier. De chacun d'eux, l'élite des membres les plus ardens pour le crime, venoit, sous
le titre de commissaires, à ce point de réunion :
réceptacle et sentine de tous les vices, qui produisoit dans leur fermentation les complots les
plus atroces, et reportoit ensuite dans tous les
quartiers, par le retour des commissaires en
leurs clubs respectifs, les fruits épouvantables
de la combinaison de tous les forfaits. Par-là,
celui des clubs qui surpassoit les autres en perversité, eût bientôt rendu capable de l'imiter,
celui qui n'avoit pas d'abord la conception du
mal au même point : ainsi le cœur d'un homme
dont le bras se gangrene, en pompe le venin,
pour le pousser ensuite dans tous ses membres,
et les corrompre tous également. Il ne se pouvoit concevoir d'institution plus propre à détruire les mœurs publiques.

On s'apperçut bientôt des succès déplorables
qu'elle eut ; une grande partie du peuple se
rendoit à ce centre épouvantable, pour s'y repaître de l'espérance d'envahir les propriétés

et d'exterminer les propriétaires. Abominable repaire où les ténebres ramenoient, sur le soir, toutes les bêtes féroces de la ville, où les plus hideux scélérats de la France sont venus recevoir l'accollade fraternelle : où jamais l'honnête homme n'entra sans frémir : d'où il ne sortit point sans se reprocher avec horreur, la curiosité qui l'y avoit conduit ! Foyer terrible, où s'attisoit le feu qui devoit réduire la ville en cendres, où se forgeoient les poignards qui devoïent en égorger les meilleurs citoyens !

O Challier ! tu méritas d'être l'ame de ce centre, producteur des crimes qui dévasterent la cité. Ils te reconnurent pour leur pere, lorsque dans une de ses séances, tu fus déclaré le chef de tous les brigands qui s'y réunissoient. Monstre fameux, d'une célébrité plus odieuse, mille fois, que celle d'Erostrate : rival de Marat, ministre de Robespierre, tu t'es trop distingué dans la carriere des forfaits, pour qu'on ne te voue pas à l'exécration de tous les siecles, dans un portrait peint avec quelques détails.

Né en Piémont, d'une famille ignorée, Challier fut amené jeune à Lyon, par une méchante étoile qui le destinoit à déchirer, comme Néron, le sein de sa nourrice. Son imagination gigantesque et frénétique se fit dès-lors remarquer par des écarts en tout genre. Il suivit un cours de philosophie, chez les religieux Dominicains, pendant lequel il manifesta toute l'agitation d'une conscience, pour qui l'idée seule du calme est un supplice. Le besoin d'ouvrir à quelqu'un son ame bourrelée, le rendoit importun à l'un de ses condisciples, qui réunissoit une grande singularité, à beaucoup de lumieres et de vertu (1). Ce condisciple m'a révélé, qu'obsédé par les confidences de Challier, il en recula souvent d'horreur, parce que la tête et le cœur de ce monstre étoient

---

(1) Ce condisciple étoit un Lyonnois, nommé Chassagnon, dont la candeur d'ame, la pureté de principes, la profondeur de sentiment n'ont pu tenir devant le débordement de vices et de maux, répandus dans sa patrie. Il est mort au commencement de 1796, après nous avoir donné plusieurs ouvrages, marqués au coin de l'originalité, de l'érudition, de la misanthropie, de l'énergie, et souvent du génie. Son indignation contre le crime étoit convulsive ; et dans les accès qu'il en ressentit, il publia, en 1792, un livre, non moins étrange que hardi, intitulé, *Les Nudités*, où il dévoila, sans ménagemens, les hommes abominables qu'il voyoit en place. Sa compassion pour le malheur, même mérité, fut telle, qu'en 1793, lorsqu'il vit Challier devant les juges qui l'ont condamné, il donna, de son propre mouvement, un plaidoyer très-curieux en sa faveur, sous le titre *d'Offrande à Challier*.

déja tourmentés de toutes les convulsions du désordre et du crime. L'auteur de la nature lui sembloit sans action, et le genre humain sans vie. Il eût voulu tout renverser, pour tout re-nouveller. Déja ses vœux appelloient une révo-lution, pour voir le trouble et le chaos. Avec ces dispositions, Challier déchira l'habit ecclé-siastique dont il avoit été revêtu; puis il se jetta dans un comptoir, et devint ensuite voya-geur de commerce. Passant à Naples, au com-mencement de la révolution française, il se fit chasser comme un propagand de la sédition, et s'énorgueillit d'avoir mérité par-là, d'être pro-clamé, jusqu'au sein de l'assemblée nationale, *comme une victime honorable de la tyrannie des rois.* Attiré par les écrits véhémens de Lousta-lot (1), il courut à Paris pour l'entendre; et vi-sita Marat, Camille Desmoulins, Fauchet, Ro-bespierre et Cérutty, dont les discours acheve-rent de l'égarer. Il revint à Lyon, imbu de leur doctrine, et fut l'oracle du club central, où il se vit encenser par les amis les plus sages de la révolution (2). Enivré de tant de manieres, il

---

(1) Premier auteur des *Révolutions de Paris*, données par Prud'homme.

(2) Il est peu de révolutionnaires à Lyon, qui n'aient été

sembla

sembla vouloir l'être encore de sang humain.
On peut dire que l'altération qu'il en ressentoit,
le tenoit dans une fievre ardente, dont les re-
doublemens portoient, par intervalle, sa rage
aux excès les plus atroces. Tel fut cet homme,
à qui l'on a rendu, après sa mort, des honneurs
inouis, dont nous ne parlerons qu'après avoir
dit comment il les a mérités (1).

Challier marchant à pas de géant dans la révolution, atteignit d'abord l'écharpe municipale,
et s'avançant déja vers l'anarchie, il eut bientôt
dépassé ses collegues, qui suivoient la marche
cauteleuse du *rollandisme*. Quand il les vit rester
derriere lui, il les accusa de n'avoir voulu que
substituer l'aristocratie des riches à celle des
nobles, pour amener, avec ce patriciat nouveau, un roi qui lui convînt.

Le but de cette faction étoit en effet, de l'aveu
même de ses déserteurs, « d'applanir le chemin

---

lui rendre hommage ; l'évêque Lamourette lui - même alla
mettre sa mitre à ses pieds, et lui écrivit des lettres fort
rampantes.

(1) L'auteur de l'*Histoire Philosophique de la Révolution*
a dit que Challier étoit banqueroutier ; l'écrivain anonyme
d'une *Relation du siege de Lyon* a dit qu'il avoit été jésuite.
L'un et l'autre se sont trompés.

» du trône à d'Orléans, en faisant la guerre à la
» noblesse, amie des Bourbons. Elle étendoit
» ses branches dans toutes les autorités consti-
» tuées de la France. Par-tout, et sur-tout dans
» les villes dont son ambition vouloit se faire
» un foyer de puissance, elle eut des affidés
» qui, selon la marche de son chef trop dénué
» d'audace, faisoient des pas incertains et ré-
» trogrades, s'étayoient de prétextes de cir-
» constances, et se revêtoient des couleurs do-
» minantes, pour ruiner la cour et conserver la
» royauté (1) ».

Voilà ce qui peut expliquer aux Lyonnois, la
conduite ambiguë et problématique de quelques-
uns de leurs magistrats d'alors, sur lesquels ils
déposerent alternativement leur blâme, leur estime et leur indignation : qui leur parurent républicains et royalistes, humains et barbares,
probes et pervers. Ils eurent leur Péthion dans
le médecin Vitet, devenu maire en 1791 ; et
leurs Hébert, leurs Manuel, leurs Chaumette,
dans quelques autres membres de la municipalité. Celui de tous qui se conduisit avec le plus

---

(1) *Rapport fait par St.-Just*, au nom des comités de sûreté générale et de salut public réunis, dans la séance du 11
germinal de l'an 2. (31 mars 1794).

d'art, fut le négociant Niviere-Chol, qui sut se faire passer pour un partisan de la monarchie constitutionnelle, et même de Louis XVI, jus-ques long-temps après sa mort, quoiqu'au temps dont je parle il agît comme un républicain im-patient de le voir tomber de son trône. L'oc-casion de sa fuite à Varennes, servit de pré-texte à Niviere pour déclamer avec force contre lui, en présence du conseil municipal assem-blé, et pour faire arracher en même-temps son portrait de la salle des séances. Ce trait hardi de républicanisme n'étoit pas au reste le seul qu'il se permît. Il détermina même la municipalité à retrancher dès-lors le mot *roi*, du sceau public de la commune, quoique la devise nationale consacrée fût : *la loi et le roi* (1). Niviere en

____

(1) Ces faits ont été attestés par Niviere lui-même, dans une lettre autographe, et signée, que j'ai sous les yeux, et où je lis : « Quel a été le premier citoyen qui s'est *pro-* » *noncé* républicain à Lyon ? Moi. — Qu'on se rappelle le » discours que je prononçai à la commune, lors de la fuite » du traître Louis XVI, arrêté à Varennes? — Qu'on se rap-» pelle quel est le premier qui vota pour que son tableau » fût dès-lors enlevé de la salle du conseil municipal? et il » le fut. — Qu'on se rappelle qui donna l'idée de la devise » du cachet municipal, qui porte depuis deux ans les seuls » mots : *la loi!* Qui a *donné* le premier, l'idée de *donner* le » nom de Lepelletier à l'un des quais de la ville? — Qu'en

cela se montra plus précoce que Challier lui-même, lequel ne s'avisa que long-temps après cet exemple, d'abattre l'inscription qui, sur la porte principale de la ville, sembloit annoncer aux arrivans ce que Lyon avoit de plus sacré :

« Un dieu, un roi,
» Une foi, une loi ».

Vitet déployoit des sentimens non moins anti-monarchiques que ceux de son ami Niviere ; sur quoi l'on ne peut s'empêcher d'observer dès à présent, qu'ils n'étoient certainement point de bonne foi, honnêtes et bien intentionnés, ceux qui, avec une tendance aussi forte, aussi active vers un ordre subversif de la monarchie de Louis XVI, s'étoient introduits, en lui jurant néanmoins fidélité dans les fonctions publiques de ce gouvernement qu'ils renversoient.

Ce n'est pas que Vitet fût décidément fauteur de l'*orléanisme*. Il servit cette faction, non

---

» appelle les ouvriers que j'ai rassemblés avec les *gros* mar-
» chands fabricans, et l'on saura d'eux, si, dans les débats
» qu'ils avoient pour régler les prix des façons, je n'ai pas
» toujours fait pencher la balance du côté de l'*indigence*...
» Legendre me connoissoit, et avoit pu juger de mes prin-
» cipes ». Cette lettre est datée *du 9 mars* 1793.

Avec dessein et par esprit de parti ; mais par goût pour le bouleversement et la persécution qu'elle employoit afin d'arriver à son but. Vitet trouva la satisfaction ultérieure de ses sombres desirs dans ce qui n'étoit que moyen d'exécution chez les *orléanistes*. L'ébranlement d'une autorité respectée, l'abaissement des classes supérieures, la destruction de tout culte suffisoient à son ame orgueilleuse, jalouse, haineuse et dure, dont toute la morale reposoit sur l'athéisme le plus farouche. Plus brusque et moins rusé que son ami Niviere, dont les avis devenoient nécessaires ; il suivoit ses impulsions, comme celui-ci suivoit celles des *rollandins*, avec qui il eut toujours assez d'identité de conduite pour qu'on ne puisse pas douter de son affinité d'intentions avec eux.

La municipalité étoit toute entraînée dans leurs systêmes : elle se dirigeoit par les écrits du cercle social de Paris, qui, né du *club breton*, devenoit leur société spéciale ; et leur journal de *la Sentinelle* s'affichoit tous les jours à la porte du bureau de la mairie de Lyon.

Alors Rolland sembla las de végéter dans un élément subalterne ; et laissant à ses disciples son esprit révolutionnaire, il prit le vol que lui conseilloit son ambition. Il partit pour aller se ranger à Paris, parmi les principaux agens de la faction qu'il servoit.

Quelque lumiere qu'on ait portée dans les ressorts mystérieux d'une révolution, il en reste toujours d'impénétrables, sur lesquels on ne peut que répéter les conjectures déja faites. Mais l'auteur scrupuleux se les interdit quand elles sont infamantes, lors même que son devoir le force à divulguer les faits qui leur servirent de base. C'est pourquoi il nous suffira de dire que Rolland et sa femme, correspondant toujours très-activement avec Vitet, ne furent point innocens du sang que les *orléanistes* firent couler dans le Midi (1). Il passa pour certain à Lyon, que l'antropophage Jourdan y étoit venu avec des lettres de recommandation pour le club central, et pour le maire. On accusa celui-ci d'être en relation avec ce fameux *coupe-tête*; et loin de dissiper ces accusations, Vitet les accrédita par un voyage, que furtivement il fit vers Montpellier, dans le temps même que les provinces méridionales étoient désolées par les hordes sanguinaires de *la Glaciere*.

---

(1) Voyez l'*Histoire de la conjuration d'Orléans*, et le procès de Jourdan *coupe-tête*, au tribunal révolutionnaire. 8 prairial an 2. (27 mai 1794).

On ne peut s'empêcher de lier à tous ces faits, un assassinat commis, en juin, près de Lyon, avec des circonstances analogues à celles des massacres d'Avignon qu'il devança. Je veux parler de celui de Guillin Dumontet, ancien militaire, seigneur *ci-devant* de son château de *Poleymieux*, où il vivoit paisiblement en famille. Son habitation fut investie, forcée, embrâsée par des brigands que guidoient des clubistes, sans aucune apparence de motif, si ce n'est que Guillin étoit frere du contre-révolutionnaire dont il a été fait mention. En vain sa jeune épouse se jetta à leurs pieds pour les fléchir : il fut massacré devant elle ; et les assassins se firent des cocardes avec ses oreilles et ses entrailles. Ils lui arracherent les parties sexuelles, coururent sur la grande route, arrêterent les voitures, forcerent les femmes à voir ces trophées de leur barbarie et de leur impudicité ; puis revinrent manger des chairs de leur victime, et boire de son sang. Le club central retentit le lendemain des éloges de cette horrible boucherie ; et l'un des coupables, arrêté par hasard, trouva dans le corps municipal des protecteurs qui le mirent en liberté.

Les choses alloient assez au gré de la faction ; le clergé seul lui opposoit une résistance invincible de raisonnement et de conviction, qui n'avoit pu être ébranlée par les écrits anarchico-religionnaires, envoyés de Paris à Lyon, sous le nom respecté de l'abbé Charrier. Mirabeau, l'Atlas et le grand moteur du parti, avoit cru devoir faire attaquer cette résistance par un champion bien plus puissant en paroles. L'abbé Lamourette, auteur de plusieurs ouvrages connus, et qui tout récemment venoit de faire passer pour théologiens, deux *orléanistes*, célebres par leur immoralité : savoir, Mde. de Sillery-Genlis, dont il avoit composé le Traité sur la *Religion* (1) ; et Mirabeau lui-même, qui lui devoit l'impudente homélie qu'il avoit prononcée, dans l'assemblée nationale, *sur la constitution civile du clergé.*

Lamourette, qui d'ailleurs venoit de publier des *Prônes civiques* très-séditieux, parut propre, sous tous les rapports, à seconder les intentions du parti. C'est pourquoi, lorsque les électeurs, réunis pour nommer un évêque constitutionnel du département, alloient élire l'impuissant abbé

____

(1) Connu sous le titre de *La Religion considérée comme l'unique base de la philosophie et du bonheur.* On y retrouve, en grande partie, les ouvrages précédens de Lamourette.

Charrier, le président, averti des intentions de Mirabeau, suspendit subitement la séance, quoiqu'il eût déclaré qu'on éliroit sans désemparer. Elle fut renvoyée au lendemain ; et les intrigues de la nuit, suivies des manœuvres du scrutin, donnerent Lamourette, au grand étonnement de tout le monde, et même des électeurs.

Avec quel accueil il fut reçu par les autorités constituées d'alors ! Elles allerent à sa rencontre, au-delà des murs de la ville ; et son entrée solemnelle fut un spectacle bizarre, où, entouré de magistrats mécréans, ayant à ses côtés un ministre calviniste, un prêtre scandaleux : où, précédé et suivi de gardes nationales, il eut moins l'air d'un pasteur, entrant dans un bercail, que d'un conquérant d'évêché, qui, bravant toutes les bienséances, débute par solemniser l'indifférence de tous les cultes.

Lamourette donna ses instructions pastorales : on le réfuta ; et ce fut à Lyon, comme dans toute la France, une lutte des prêtres assermentés contre les insermentés. Les premiers, exaspérés de ce qu'on vouloit leur ravir la liberté du culte, s'obstinoient à vouloir en jouir ; et les autres soulevoient contre eux la tourbe impie des clubs et l'intolérante irréligion de l'autorité civile ; de maniere que ceux-ci se trouverent en butte, avec leurs prosélytes, aux persécutions réunies des assermentés, des magistrats et de la populace.

Tous les jours, à la porte des temples desservis par les insermentés, des femmes, des prêtres, des passans même étoient insultés, accablés de coups, avec une rage si audacieuse, qu'elle supposoit des encouragemens. Deux scenes de ce genre doivent trouver ici leur place, pour attester la connivence des municipaux avec les brigands qui commettoient ces horreurs.

La premiere eut pour acteurs, les ouvriers même d'un municipal, chapelier, qui, s'élançant dans une église voisine, y portoient, en sa présence, le meurtre et l'effroi, sans qu'il essayât de les retenir. Son collegue Perret qui survint, comme chargé de la police, congédia les ouvriers satisfaits, et fit jetter dans les prisons, deux honnêtes citoyens, accourus au secours, l'un d'une sœur, et l'autre d'une épouse. Ils furent condamnés, d'après la réquisition de Perret, comme ayant irrespectueusement « anticipé sur la vigi- » lance municipale, avant que le sang eût coulé ».

La seconde scene, plus atroce, se passa le jour de Pâques, à la porte de l'église des *Clairistes.* Une grande quantité de fideles y entendoit silencieusement la messe, à six heures du matin, lorsqu'arriva une troupe de bandits, armés de fouets de cordes. Ils se précipiterent contre les femmes, à mesure qu'elles sortoient ; ils les terrasserent, et les firent expirer, sous une fustigation, non moins cruelle qu'indécente. Les hommes, qui venoient aussi d'entendre la messe, furent frappés d'une grêle de pierres ; quelques-uns coururent aux casernes voisines, implorer du secours. Mais les soldats resterent immobiles ; et ceux qu'on put entraîner vers le lieu du désordre, y montrerent, par leur inertie, qu'à peine il leur étoit permis d'être les témoins passifs de cette expédition préméditée. Elle duroit encore à dix heures, lorsqu'enfin le maire Vitet parut, en montrant aux brigands un front serein, que l'honnête homme ne lui connoissoit guere. Il leur donna le signal de la retraite, avec les marques de l'approbation ; et la scene finit, parce qu'on en étoit au dénouement convenu. Les femmes avoient été fouettées, maltraitées : on les emportoit mourantes ; les scélérats avoient rempli leur mission : Vitet s'en retourna content.

Elle étoit déjà trop connue, la tactique de certains hommes en place, pour qu'on pût se faire quelqu'illusion favorable sur leur conduite, en de pareilles rencontres. Ne savoit-on pas pourquoi Lafayette arrivoit toujours trop tard pour écarter, du culte des insermentés, les factieux qui le troubloient? Vitet sembla dire alors à ces bandits, comme son prototype Péthion le dit aux siens, en une occasion plus remarquable, « qu'ils » avoient commencé *avec sagesse*, et qu'il falloit » se retirer *avec dignité* (1) ».

La présence de Lamourette dans le lieu de son évêché, ne multiplia pas les persécutions contre les insermentés. Il étoit tolérant par caractere; et sa résidence n'y fut pas longue. Ses partisans le firent nommer député à l'assemblée législative; et l'on sait le rôle bizarre qu'il y joua, lorsque le républicanisme naissant vint y attaquer le royalisme de la constitution. Il s'établit médiateur entre eux, et parvint à les faire embrasser, comme si Philippe, qu'il servoit, pouvoit être le *mezzo termine* des deux partis. Cette réconciliation ne fut pas plus sincere que celui qui l'avoit obtenue; les *orléanistes* ne tarderent pas à s'élever contre les royalistes : alors Lamourette triomphoit; mais les républicains s'éleverent à leur tour contre les *orléanistes*; et Lamourette devint leur victime.

La députation lyonnoise produisit encore à l'assemblée un personnage à qui les *orléanistes*

____

(1) Le 20 juin, au château des Tuileries.

firent jouer un rôle mémorable : je veux parler du jeune avocat Lemonthey, déja cité, dont les flatteries du parti égaroient depuis long-temps l'imagination, l'inexpérience et les talens. Ce fut de lui qu'on se servit, pour apprendre solemnellement aux Français, à manquer de respect à Louis XVI, suivant que Couthon l'avoit jugé convenable, dès le 5 octobre précédent. Lemonthey étoit président, lorsque, le 14 décembre, ce monarque inopinément amené à l'assemblée, s'y expliqua avec franchise, contre la guerre impolitique que le parti d'Orléans vouloit faire déclarer à l'Empereur (1). Lacroix avoit dicté la réponse du président, et l'assemblée l'avoit approuvée; Lemonthey la récita durement. « Sire, dit-il, l'assemblée nationale délibérera sur » les propositions que vous venez de lui faire, et » vous instruira, par un message, de ses résolu- » tions ». Il ne faut au reste en ceci, considérer Lemonthey que comme un de ces *casse-cous*, de l'enthousiasme desquels on abusoit, sans vouloir faire d'eux autre chose que de les sacrifier, en cas de succès, comme en cas de revers (2).

----

(1) Voyez l'*Hist. de la conjuration d'Orléans*.

(2) C'étoit le nom que la faction donnoit à ces hommes in-flammatoires, qu'elle mettoit en avant, sans les initier dans tous ses mysteres. Lemonthey, né pusillanime autant qu'am-

Mais ces particularités rentrant dans l'histoire générale de la révolution, je les abandonne pour revenir dans la circonscription de celle que j'écris.

Et cependant, puisque nous en sommes à l'assemblée, ne la quittons pas, sans y entendre les plaintes que les administrateurs du département de Lyon (Rhône et Loire), font, le 12 mai 1791, contre la municipalité qui les y avoit calomnieusement dénoncés. Elle en avoit pris le prétexte dans plusieurs griefs ridicules, et surtout dans la publication d'un écrit anti-révolutionnaire, que l'inconsidéré vice-président sembloit se vanter d'avoir lu dans la session générale du département, quoiqu'on sût bien qu'elle n'avoit pas voulu l'entendre : mais le dessein de la municipalité étoit de se venger de cette administration, qui venoit de suspendre de ses fonctions

---

bitieux, se trouva lancé trop loin, il craignit la cour ; et dès le lendemain il voulut rétrograder. Chargé de rédiger la réponse au message, il y glissoit quelques phrases de résipiscence ; mais l'assemblée les rejetta. — Un troisieme député de Lyon se distingua encore, mais par des vues saines, une probité courageuse, un zele énergique en faveur de ses commettans : ce fut le négociant Caminet. On n'entendit point parler des autres, pas même d'un nommé Chirat, qui, précédemment procureur-syndic du département, avoit fait grand bruit, par de violens réquisitoires contre la noblesse et le clergé.

le municipal Challier, pour des violations illéga-
les de domicile, et pour des incarcérations ini-
ques, dans lesquelles il avoit eu particuliérement
pour complice, le journaliste Champagneux, devenu son collegue (1). Parmi les autres municipaux qui se distinguoient aussi par des vexations,
on remarquoit déja Pressavin, qui fut ensuite
membre de la convention (2). Lyon commençoit
à souffrir horriblement de la perversité de ses
magistrats ; les deux administrations, créées pour

---

(1) Voy. dans le *Logographe* et dans le *Moniteur* de 1791,
la séance du 12 mai au soir : 11e. grief. — Le 28 janvier 1791,
Champagneux avoit donné un réquisitoire, au tribunal de police correctionnelle, contre les prêtres, où il leur faisoit un
crime de leur modération, et vouloit qu'on les poursuivît
comme *des bétes féroces*, d'autant plus à craindre qu'*ils pré-
choient la paix*, même en *présentant la gorge au couteau.*

(2) Pressavin, chirurgien, spécialement adonné aux trai-
temens des maladies honteuses. « Rien, dit un ouvrage de ce
» temps-là, ne le choquoit plus que l'éloge de la chasteté.
» Il avoit imaginé un Lycée dans le genre de l'Arétin, comme
» un arsenal contre elle ». Un ecclésiastique, y étant amené,
voulut s'effaroucher de ce qu'il voyoit ; Pressavin lui dit :
« Point de cagoterie, mon cher abbé, soyez fidele au culte des
» Graces, propagez la doctrine des sens ; et je vous promets
» un évêché, si la philosophie prévaut ». Cet ecclésiastique est
devenu évêque constitutionnel d'Aix. (*Nudités*). Pressavin
s'est fait expulser comme *rollandin*, de la société des *jacobins* de Paris. Voyez leurs séances des 18 et 20 septembre
1793.

protéger les citoyens et se prêter un mutuel appui, étoient aux prises l'une avec l'autre. Encore quelques pas, et nous verrons celle qui veut donner des marques de justice et d'humanité, succomber sous celle que la fureur des factions anime. Nous verrons le regne du crime, toujours violent et barbare, s'établir avec une audace qui fera doubler sa puissance.

LIVRE

LIVRE III.

Commandant de la garde nationale, pris dans l'une des plus basses classes du peuple. Le maire Vitet, imitateur de Péthion. L'italien Casali veut l'assassiner, comme un ennemi mortel du roi. Procession hideuse des sans - culottes. Tumultueuse proclamation du danger de la patrie. *Agitations concordantes avec les préparatifs du* 10 *août. Interdiction nouvelle de Challier : sa réintégration victorieuse. Cruautés envers les prêtres. Préliminaires de la septembrisation de Lyon. Son exécution. Particularités de ce massacre. Moyens employés pour en faire un second. Pillage des magasins d'épiceries. Taxe insolente sur les denrées. Acheminement à la disette et à la guerre civile. Visites domiciliaires. Incarcérations nombreuses. Arrivée des Marseillois. Leur refus d'assassiner. Intrigues des clubistes pour maîtriser les élections. Députés envoyés à la convention. Nomination des administrateurs et des juges.*

LA municipalité, composée de modérés et de frénétiques, marchoit tout entiere sous l'influence du parti *rollandin* : celui-ci n'éprouvoit pas de disgrace, il n'occasionnoit point de mouvement à Paris, que Lyon n'en ressentît le contre-coup. Ces deux cités étant lès points d'appui de d'Orléans, l'une pour soulever le Nord, et l'autre pour soulever le Midi, devoient subir les mêmes secousses. Si Lyon les éprouva quelquefois avant la capitale, ce fut parce que les factieux jugerent convenable de préluder, avec la nombreuse population de la seconde ville de France, aux commotions qu'ils vouloient donner à la premiere.

Dans l'une et dans l'autre, c'étoit en ces quartiers habités de préférence par la populace la plus séditieuse et la plus grossiere, que les clubistes alloient chercher les généraux qu'ils vouloient donner à la garde nationale. Le faux-bourg St.-Antoine a fourni Santerre aux Parisiens, et celui de St.-Marceau a produit Henriot : ce fut d'un quartier semblable, celui de *la Grand'Côte*, que le club central, devenu maître de tous les choix, tira le nommé Juillard, pour en faire un commandant général. C'étoit un pauvre ouvrier en soie, qui, sans être un méchant homme, avoit pour le mal, la flexibilité d'un ignorant sans caractere. Dépourvu de tout talent pour sa place, il n'y avoit d'autre vocation que d'avoir été soldat. Néanmoins il parut précieux aux clubistes, parce qu'incapable de rien oser de lui‑même contre eux, dans les occasions critiques, il ne pouvoit qu'exécuter avec une stupide ponctualité, les ordres qu'eux‑mêmes lui feroient intimer.

Ils s'applaudissoient de s'être donné un gé‑néral *sans‑culotte*; ils se félicitoient aussi d'a‑voir un autre Péthion à la tête de leur com‑mune. Vitet, ainsi que le maire de Paris, avoit eu l'art de se faire proclamer *vertueux*, *incor‑ruptible*, tout en secondant les efforts de la con‑juration.

Un seul homme osa s'élever contre l'usurpa‑tion révoltante de ces titres respectables. Ca‑sati, Romain de naissance, peintre de profes‑sion, royaliste par passion, Français par goût, et Lyonnois par son domicile, croyant voir en Péthion et Vitet les imitateurs de ces anciens maires du Palais, dont la tyrannie avoit été si fatale aux rois de France, se persuada que Louis XVI seroit perdu par ces nouveaux mai‑res, s'il ne les perdoit lui‑même. L'exaltation de son royalisme le porta à former le projet d'assassiner Vitet, laissant à d'autres le soin d'imiter envers Péthion, l'exemple de Jean Maillard à l'égard de Marcel (1); mais l'évêque

----

(1) Hist. de France, regne de Jean II.

Lamourette, à qui follement il communiqua ses intentions, s'empressa de le dénoncer. Casati fut arrêté : le municipal Perret le traita de *Ravaillac*, comme si Vitet eût pu ressembler au grand Henri (1); et après un interrogatoire fait sur le même ton, Perret précipita Casati dans les prisons, où les événemens subséquens le firent long-temps oublier.

L'été de 1792 produisit des symptômes de fermentation qui présageoient quelque explosion majeure. L'on vit les clubistes, à la suite d'une orgie, se promener en troupe dans la ville, sous la bannière d'une vieille culotte, surmontée d'un bonnet rouge, tout ainsi que la populace de Paris se montra peu après aux Tuileries. Ils éclatèrent encore en transports, mêlés d'alégresse et de rage, à la suite de la municipalité, lorsque, marchant sous les auspices d'un bonnet rouge, au faîte de sa bannière, elle proclama dans les rues, le décret de *la Patrie en danger*. Et quand l'impolitique déclaration du duc de Brunswick se répandit à Lyon, leur attitude féroce annonça la confiance qu'elle n'atteindroit pas son but. Vitet, à qui

---

(1) Voyez l'interrogatoire du 1 sept. 1792, signé J. F. Perret, off. mun.

ce manifeste parvint pendant qu'il présidoit l'as-
semblée-générale de la commune, le lut avec
mépris, et le mit sous ses pieds. Ces bravades
avoient pour fondement, la connoissance des
événemens qui se préparoient, et dont l'espoir s'animoit par les chansons régicides qui,
tous les soirs, venoient résonner aux oreilles
de la municipalité.

C'étoit ainsi qu'on avançoit vers ce fameux
10 août, dont les causes secrettes, trop peu
connues, ont assez de rapports avec cette partie
de mon histoire, pour que je ne me dispense
pas de révéler ce qu'un témoin oculaire m'a
dit du comité d'insurrection, où s'en ordon-
nerent les préparatifs. Le triumvirat *orléaniste*
de Rolland, Servan et Clavieres, avoit été repoussé du ministere, comme un conseil factieux
et perfide : Rolland avoit fait de vains efforts
pour y rentrer; dans son désespoir furieux, il
invoqua, pour s'en venger, les brigands re-
crutés dans le Midi par la faction d'Orléans,
sous le nom de *Marseillois*. Barbaroux, qui
les faisoit mouvoir à son gré (1), leur donna
l'ordre de venir à Paris; et, de toutes parts,

____

(1) Barbaroux étoit député de Marseille.

la vengeance des *rollandins* secoua ses torches incendiaires, et fit tirer les poignards (1).

A ce signal, ce fut un redoublement d'agitation parmi les clubistes de Lyon. Challier, le plus prompt à céder aux passions violentes, se livra dès-lors aux actes les plus vexatoires. L'administration départementale prononça contre lui la peine de la suspension, qui ne fit que l'irriter davantage. De Paris, où il vola pour s'en plaindre, il n'en fut que mieux à portée de faire monter au ton des circonstances, la fureur des factieux dont il étoit le chef. Son esprit étoit toujours au milieu d'eux, et sa correspondance ne les enflammoit pas moins que

______

(1) Pour donner en entier le rapport curieux du témoin oculaire dont j'ai parlé, je dirai que, sortant lui-même un jour de l'assemblée législative, où l'on venoit de déclarer que les ministres du roi avoient perdu la confiance de la nation, il rencontra Lanthenas, ami de Rolland, auquel il donna cette nouvelle ; et que Lanthenas aussi-tôt le conduisit chez Rolland, qui, ravi de cette déclaration, par laquelle il se croyoit de suite reporté au ministere, fit dire à Barbaroux de contre-mander les Marseillois. — Mais l'espérance de Rolland et de Lanthenas ne se réalisant point, Louis XVI persistant à ne pas vouloir du triumvirat, les Marseillois furent pressés d'accélérer leur marche. Les relations de Barbaroux avec eux, au 10 août, devenant étrangeres à notre sujet, nous en réservons l'histoire pour une autre circonstance.

ne l'eût pu faire sa présence. D'un autre côté, Thonion, l'un des fédérés, envoyés par eux à Paris, pour seconder les Marseillois, prescrivoit, dans ses lettres à Bottin, les mesures qui restoient à prendre pour que la secousse se fît ressentir à Lyon comme dans la capitale. « Sui- » vez-en l'exemple, écrivoit-il (1), à son ins- » tar ; formez un comité central à la commune, » et donnez-lui des pouvoirs suffisans pour pro- » téger l'insurrection ».

Ce comité venoit d'être formé de trois cents clubistes, pris dans la fange de la ville, pour agir de concert avec celui de la *surveillance* municipale. Tous les clubs leur ayant prêté serment d'obéissance la plus active, il leur devenoit facile de mettre tout le peuple en mouvement, pour les expéditions projettées. Les dispositions étoient faites ; Bottin écrivoit à Paris : « C'est à la capitale à donner l'exemple ; » on attend de jour en jour l'explosion : la com- » motion se fera sentir ici, plus fortement » qu'ailleurs ».

La catastrophe espérée arriva : la nouvelle

____

(1) La correspondance de Thonion avec Bottin fut imprimée après le 29 mai, par ordre de la municipalité provisoire.

s'en répandit à Lyon, peu de jours après ce 10 août, qu'elle a rendu si célèbre. L'horreur et la joie se partagerent cette grande cité ; mais les scenes affreuses qui devoient y célébrer la chûte du monarque, avoient besoin d'un autre signal pour commencer.

Le 15 août, Challier obtint, de l'assemblée législative, par l'entremise des Jacobins, un décret qui, non - seulement le réintégroit dans ses fonctions, mais encore destituoit les administrateurs du district et du département, pour avoir prononcé sa suspension, en une conjoncture si importante. Challier, ce décret en main, se précipite vers Lyon ; il fond, pour ainsi dire, sur les administrations : et les membres en sont dispersés, suivant son fougueux caprice.

La municipalité dans laquelle il rentroit, crut en recevoir une nouvelle vie ; elle vota des remerciemens au conseil exécutif, qui venoit d'être recomposé de ces mêmes ministres, disgraciés de Louis XVI, auxquels on devoit son abaissement ; elle ne se possédoit pas de reconnoissance « pour le bienfait de la suspension des » corps administratifs (1) » ; et les clubistes, transportés, comme elle, de l'accroissement de

____

(1) Voyez l'arrêté de la commune, du 19 août.

liberté qu'ils alloient y trouver, exprimerent leur étrange ivresse, en traînant dans les rues une pompe funebre, pour tourner en dérision ceux dont le pouvoir venoit d'expirer.

Si la nouvelle du 10 août n'avoit pas fait couler le sang à Lyon, elle y avoit plongé dans la terreur tous ceux qui se trouvoient dévoués à la rage des clubistes. Les prêtres insermentés principalement, furent saisis du plus grand effroi ; ils s'enfoncerent dans des réduits impénétrables à la lumiere même, afin de se soustraire à leurs ennemis déchaînés. Mais ils furent bientôt forcés d'en sortir, de se livrer même à leur merci, par l'atroce combinaison de cette barbare déportation dont Rolland, toujours acharné contre les prêtres, se hâtoit de faire adopter le décret, précédemment repoussé par Louis XVI. La municipalité de Lyon offrit avec profusion, des passe-ports à tout ecclésiastique, jaloux de conserver sa vie menacée ; présumant bien qu'en ces momens d'effroi, tous, jusqu'à ceux qui jusques-là s'étoient abrités de sa colere, viendroient réclamer auprès d'elle, ces moyens pour la fuir. Plusieurs étoient pris à ce piege presque inévitable : elle abusa de leur confiance, en les faisant incarcérer, lorsqu'ils se présentoient ; beaucoup d'autres furent insultés et maltraités :

les mieux accueillis furent congédiés avec des passe-ports marqués d'une note meurtriere, par laquelle ils étoient, sans le savoir, désignés, comme prêtres, aux brigands apostés sur les frontieres, pour les voler, ou les massacrer (1).

Mais c'étoit dans la ville même, et sous leurs yeux, avides de carnage, que les factieux vouloient des hécatomphonies. Les premieres victimes qu'ils marquerent, furent ces compatriotes réfugiés des départemens d'alentour, qui s'étoient établis en assez grand nombre à Lyon, depuis que l'incendie et le meurtre les avoient fait déserter de leurs domiciles. La municipalité décida que des commissaires, de son choix, iroient dans leurs demeures, les reconnoître et les dénombrer : quelques municipaux plus humains, effrayés du but de cette mesure, vou-

____

(1) Au moyen de l'apostille, plusieurs prêtres, reconnus pour tels aux frontieres, y furent massacrés. Sous le prétexte de la défense d'exporter le numéraire, tous étoient pour le moins, dévalisés avec rigueur, par ordre du gouvernement. Il ne se pouvoit voir de cruauté plus raffinée, que de bannir, à travers mille morts, les ministres de la religion nationale ; et d'attendre à la frontiere, ceux qui y parvenoient encore vivans, pour leur dire, en leur arrachant le peu d'argent qu'ils emportoient, afin de subsister : *Nous voulons que tu meures, par la faim dans ton exil, ou par le glaive dans ta patrie.*

lurent la déconcerter, par le renvoi pur et simple de tout étranger sans affaires ; mais leurs
collegues , craignant que les victimes ne leur
échappassent, les retinrent, en confirmant la
premiere résolution , par un arrêté propre à
calmer les alarmes. Le départ de ces étrangers
cessa par excès de confiance.

Et cependant tout étoit propre à multiplier
les craintes ; on préparoit notoirement des maisons de détention : il sembloit qu'on n'en auroit pas assez pour le grand nombre de ceux
qu'on se proposoit d'enfermer. Déja, suivant la
méthode toujours efficace des excitateurs , on
faisoit propager dans le peuple, la peur de
manquer de subsistances, et l'on désignoit ces
étrangers , comme des contre-révolutionnaires
punissables et des consommateurs onéreux. On
ajoutoit à cela des suppositions d'accaparement,
afin de justifier toutes sortes de perquisitions ;
et déja les assassins s'encourageoient, en se
disant : « Si la vie d'un seul homme peut sau-
» ver la patrie, nous avons droit de l'immo-
» ler (1) ». Impatient d'apprendre le résultat
de ces dispositions, Laussel écrivoit de Paris ,

____

(1) Extrait d'une lettre aux sections, par Dodieu, qui fut
depuis juge du tribunal civil : elle est du 26 août.

le 28 août : « Dites-moi donc combien l'on a
» coupé de têtes à Lyon ? Ce seroit une infamie,
» d'avoir laissé nos ennemis échapper..... Mais
» préparez-vous : tout se dispose à faire un mas-
» sacre général des malveillans (1) ».

Ces malveillans, c'étoient tous ceux qui, s'é-
tant distingués par un attachement invariable à
l'antique dynastie française, ne pouvoient que
contrarier ceux qui en vouloient une nouvelle.
Il parut convenable à ces derniers, d'égorger
à-la-fois une grande partie de leurs adversaires,
pour pénétrer l'autre d'une frayeur propre à
l'empêcher de concourir à la nomination des
membres de la prochaine convention. C'est
pourquoi dix mille partisans inébranlables de
l'autorité de Louis XVI, furent massacrés, en
deux jours, à Paris, sous les regards approba-
tifs de l'assemblée et de toutes les autorités publiques. C'est pourquoi Danton, principal ministre, envoya des sicaires en une infinité d'en-

____

(1) Cette lettre de Laussel à son ami Billiotet, antérieure
aux massacres des 2 et 3 septembre, est encore remarquable
par les phrases suivantes : « Nos volontaires (les fédérés, en-
» voyés de Lyon pour le 10) sont à Orléans, depuis deux
» ou trois jours, pour expédier les prisonniers.... Dites à
» Challier que j'ai découvert Guillin l'échappé, (le frere
» du massacré); au retour de nos fédérés, nous l'expédie-
» rons ». (*H. et P.*, N°. 4.)

droits, pour généraliser de cette atroce ma-
nière, son influence dans les élections. Lyon
eut trois de ces émissaires, indépendamment
du prince Charles de Hesse, commandant de
la 19e. division des troupes de ligne, qui se
trouva dans cette ville avec eux, sans aucun
motif connu.

Alors arriva, comme en passant, et cependant avec ordre de séjour, le régiment de cavalerie, *Royal - Pologne*, dont les officiers avoient la plus incorruptible fidélité. Bientôt neuf d'entre eux sont accusés d'avoir voulu faire émigrer le régiment; et sur cette accusation, ils sont arrêtés et conduits au château de *Pierre-Scise*. On les destine, ainsi que les prêtres détenus, au sacrifice de la septembrisation qui se prépare.

Personne n'en ignoroit le complot : on savoit que le club central venoit d'en fixer l'exécution au dimanche, 9 septembre, et d'adopter une liste de 200 personnes, à immoler ce jour-là. Le maire Vitet connoissoit tous ces détails; le nom, la demeure des excitateurs n'étoient point ignorés de lui (1); on l'avoit même prévenu de

(1) Voyez justificat. de Vitet, donnée par lui-même; ainsi que l'analyse qui s'en trouve dans le n°. 132 et suiv. du Journal de Lyon, 1796.

l'heure et du mode de cette expédition. Néanmoins, dès le matin de ce jour affreux, d'accord avec la municipalité, il entraîne la garde
nationale aux *Brotteaux*, dans un endroit éloigné, pour lui faire prêter le nouveau serment
de *liberté* et d'*égalité*. Il la rassemble, pour
cet effet, autour de l'auto-da-fé qu'il va faire
de tous les portraits d'anciens échevins, arrachés de l'hôtel-de-ville, où ils rappelloient trop
les vrais bienfaiteurs de la cité.

Transportés une fois dans ces prairies con-
sacrées par l'usage aux divertissemens, les Lyonnois n'en revenoient jamais que le soir; et Vitet
ne l'ignoroit point. Ce fut lorsqu'on les crut le
plus occupés de leurs amusemens, qu'une poi-
gnée de brigands, suivis de femmes armées de
piques, marcha vers le château de *Pierre-Scise*.
De braves grenadiers de la garde nationale,
placés à ce poste, continrent d'abord cette
horde assassine; mais, à quatre heures, ils
furent congédiés par Vitet, qui, accompagné
de deux municipaux, survint avec des pelotons
du centre, auxquels il confia la garde du château, en même-temps qu'il remit aux femmes
à piques, le soin de garder celle des portes de
la ville, qui se trouvoit auprès.

Encouragés par ces dispositions, les séditieux

prétextent que le séjour des officiers en ce lieu, est un privilege contraire à l'égalité ; ils demandent à grands cris, qu'on les transfere dans la prison commune. Vitet y consent : les portes s'ouvrent ; les assassins s'élancent dans le château. Des officiers sont égorgés ; deux échappent (1) : Vitet et ses collegues emmenent les autres, en déployant sur eux un peu de leur écharpe ; mais, vaine égide ! ils n'en sont pas moins massacrés. L'un d'eux, emmené par Pressavin, semble ne parvenir à l'hôtel-de-ville, que pour être immolé sous les yeux même de la municipalité : elle venoit, ce semble, pour cela, d'en remplacer la garde trop honnête, par un bataillon propice au meurtre. La résolution de le favoriser, étoit marquée, au point que de bons citoyens, accourus avec leurs armes, sur la place des *Terreaux*, pour le faire cesser, en ayant demandé jusqu'à trois fois la permission, au bureau de la Mairie, cette autorisation leur avoit été refusée, avec cette opiniâtreté qui décele la connivence. Contraints d'être les témoins de ces massacres, ils ne purent que s'ap-

______

(1) L'un se précipite du haut des murs, dans un clos voisin, et se sauve ; l'autre, moins heureux, se cache entre deux matelas, où trois heures après, il est découvert et massacré.

puyer sur leurs fusils, en frémissant de s'en voir interdire tout autre usage.

Mais quelle ne fut pas leur consternation, quand ils entendirent la horde homicide, ainsi protégée, s'animer, par des chants féroces, à continuer le carnage ! Elle marche en effet vers la prison de *Rouanne*, dans laquelle elle se précipite, pour s'emparer des prêtres que la perfidie municipale y avoit fait récemment enfermer. Plusieurs d'entre eux s'évadent, par l'effet de la hardiesse qu'inspirent, et l'imminence d'un péril, et cette Providence même qui veille sur l'homme de bien. Un seul, qu'elle réservoit sans doute à la gloire du martyre, l'abbé Regny, recommandable par ses lumieres, ses vertus et ses actes de charité, reste dans son cachot : les cannibales le découvrent, l'entraînent hors de la prison, l'amenent sur la place ; et là, après l'avoir fait agenouiller, ils lui abattent la tête, lui coupent les doigts, lui arrachent les entrailles ; et par une dérision affreuse, ils offrent aux assistans, ses membres dépecés, comme des reliques (1).

____

(1) Un trait admirable de la femme du concierge de cette prison, vient ici prouver que, si la révolution a pro-

Après

Après avoir encore fait d'infructueuses recherches, pour trouver d'autres ecclésiastiques, en cette
prison , les cannibales s'acheminent, avec leurs
sanglans trophées , vers celle de *St. -Joseph*.
Dans le trajet, se présente un prêtre; qui, égaré par
la frayeur, fuyoit son domicile , sous l'habit de
sa servante : il est reconnu et immolé sur-le-
champ; sa tête est pour eux un nouveau signe de
victoire. Ils arrivent à cette troisieme prison , où
le municipal Pressavin avoit, par un injuste réquisitoire , fait enfermer, depuis quatre mois , un
vénérable curé sexagénaire ; ils lui coupent les
mains, la langue : insultent à ce viellard si cruelle-
ment mutilé ; enfin, lassés de sa patience autant
que de leur barbarie, ils finissent par le décapiter.

---

duit des Euménides , elle a fait ressortir dans le même
sexe, un courage de vertu qui souvent a surpassé l'héroïsme
des hommes. Cette femme frémissoit à son poste , qu'elle
ne pouvoit abandonner : les assassins rentrent et déposent
devant elle , sur sa table, la tête , les doigts , les entrailles,
les cervelles du malheureux Regny, en lui intimant l'ordre
de déclarer s'il restoit encore des prêtres dans la prison.
— *Non*, dit-elle avec assurance , quoiqu'elle ne fût pas
sûre de leur évasion. — *Mais, si nous en trouvions, ta tête
tomberoit. — Je ne crains pas la mort : allez*. Cette fermeté,
jointe aux précautions qu'elle avoit prises, sauva d'autres
prêtres, détenus en ce lieu.

Tome I. Hist. de Lyon.   F

Dix têtes déja sont entre leurs mains dégoûtantes ; on en apporte une onzieme : c'est celle d'un de ces deux officiers qui, tout-à-l'heure, se sont soustraits au carnage de *Pierre-Scise*. Des brigands restés en arriere, l'ont découvert entre deux matelats, et lui ont scié le cou sur sa cravatte, sans avoir voulu lui permettre de l'ôter.

Non-contente du sang versé, cette horde, tenant en main sa liste des autres proscrits, alloit les chercher dans leurs domiciles respectifs ; mais elle y renonça bientôt, parce qu'elle reconnut que l'alarme du premier assassinat les avoit fait fuir en des lieux cachés. Ce fut ainsi qu'échappa l'ancien maire, Palerne de Savy, pour lors président du tribunal. Et les cris de sang que les assassins vinrent faire entendre autour des foyers abandonnés de l'auteur de cette histoire, se changerent en hurlemens de rage, lorsqu'ils le surent évadé. Ces monstres vouloient-ils donc abattre la tête observatrice de leur conduite ? vouloient-ils couper la main qui devoit peindre leurs forfaits ? Eh! dois-je les déguiser, quand le ciel, par mille prodiges, semble m'avoir conservé pour les écrire (1)?

____

(1) La liste des 200 personnes qu'on devoit égorger, avoit été rédigée par le fils d'un ancien président

Les antropophages, forcés de se borner à ces massacres, voulurent, pour continuer d'en jouir, se faire un triomphe des membres humains qu'ils avoient découpés. Ils les promenerent sur des piques, dans toute la ville, pendant la nuit, à la lueur de torches plus que lugubres, et au bruit de voix sauvages, heurlant et chantant leur soif de notre sang. Ils affecterent d'entrer dans les cafés que ces officiers avoient fréquentés, et de déposer sur les tables, leurs têtes défigurées. Puis ils ap-

---

de l'Élection, nommé Dodieu, dont la faction *orléaniste* avoit électrisé le *sang* et la perversité. On le nomma, bientôt après, directeur du jury au tribunal de Lyon. — Il avoit un frere ecclésiastique, que la révolution venoit de substituer au vrai curé de Neuville-sur-Saône, dans la chaire de qui, Dodieu alloit prêcher l'affreuse doctrine du club central. Deux des discours qu'il y fit, se trouvent consignés dans la brochure désignée dans notre préambule, par *H. et P.*, n°. *XXVIII*. Le 31 mars suivant, il écrivoit, de Neuville, aux commissaires de la convention, qui se trouvoient pour lors à Lyon : « J'arrive ce matin avec le com-
» missaire national du trib. (Hidins), chez mon frere, *an-*
» *cien dragon et curé constitutionnel* de ce bourg.... Nous
» apprenons qu'on s'y abstient des mesures utiles à l'inté-
» rêt le plus cher de la république, tel que le recensement
» des grains, la poursuite des émigrés et des prêtres,...
» Envoyez-nous un détachement de gendarmerie ».

portérenttous les débris hideux des onze victimes, dans la promenade de *Bellecour*, où ils les suspendirent aux arbres, en forme de guirlandes, pour servir d'exemple et d'invitation à de nouveaux assassinats.

Pendant que ces affreuses scènes se prolongeoient librement, le maire se taisoit; la municipalité, toujours officieuse pour les scélérats, tenoit l'indignation de la garde nationale, constamment enchaînée. Les bons citoyens en brisoient de colere, leurs armes inutiles; et le peuple même, à l'exception de quelques clubistes, restoit immobile d'horreur, à la vue de crimes auxquels il n'étoit pas encore accoutumé.

Après cette nuit de meurtre et d'effroi, qui sembla devoir être la derniere heure des bons citoyens, le jour ne parut que pour éclairer une consternation générale. On s'étonnoit d'exister encore; et l'on n'osoit se demander comment la fougue des brigands n'avoit point trouvé de frein dans les municipaux et dans la force armée. Les seules conjectures qu'on pût faire, supposoient dans ces magistrats, un excès d'atrocité qu'on se refusoit à croire (1).

---

(1) Vitet lui-même nous a confessé depuis lors, que,

Pour se dédommager de ce que cette expédition avoit eu d'incomplet, les antropophages se « proposoient secrettement de recommencer au ,, premier jour (1),,. Tout s'arrangeoit en effet pour amener un nouveau massacre. La fermentation, excitée par les moyens mis en jeu pour le provoquer, produisoit déja le pillage, qui presque toujours l'annonce ou l'accompagne. Deux com-

---

sur la proposition d'Hidins et de Challier, il remit en liberté un des assassins, le seul qu'on eut incarcéré, et qui même ne l'auroit pas été, s'il ne s'étoit vanté d'avoir lui seul immolé six des victimes. (Voyez *justification de Vilet.*)

(1) Voici comment ils s'en expliquent dans une lettre, où l'un d'eux raconte l'événement effroyable que nous venons d'exposer. C'est Pigniere qui, de Lyon, le 11 septembre, écrit à Thonion, à Paris : « Nous sommes arrivés ,, le 9 du courant, jour mémorable pour Lyon, car on a ,, coupé onze têtes, et promené au bout des piques. Il y ,, avoit huit officiers du régiment, ci-devant *Royal-Pologne*, ,, qui avoient voulu faire émigrer le régiment. Le peuple a ,, été les prendre, et les a rasés sans savon, ainsi que trois ,, prêtres réfractaires. On a porté ces têtes dans toute la ville, ,, sans épargner les cafés des *Terreaux*, où ils alloient ; et ,, toujours les piques à la main, surmontées du moule à ,, bonnet de l'aristocratie. Les négocians, pour la première ,, fois, ont eu un peu peur. On se propose secrettement de ,, recommencer au premier jour ,,. *H. et P.*, nº. *V.*

missaires, vomis par la municipalité *septembri-sante* de Paris, arrivoient pour accélérer l'un et l'autre : ces commissaires étoient le comédien Michot, du théatre de la République, et ce Sulpice Huguenin qui, le 20 juin précédent, avoit prononcé à la barre de l'assemblée législative, au nom des bandits, ameutés pour égorger le roi, un discours dont chaque phrase étoit un cri de mort contre lui et sa famille.

Des femmes imprégnées du virus des clubs, furent lancées, comme des mégeres affamées, contre les magasins d'épiceries qu'elles dévasterent avec fureur. A la nouvelle de cette alarmante violation des propriétés, l'on prit encore spontanément les armes ; mais bientôt Perret vint, au nom du conseil municipal, ordonner à tous les bataillons de les déposer. Forcés de se retirer, ils furent poursuivis et frappés avec leurs propres fusils, par des brigands qui protégeoient aussi le pillage. Les magasins sans défense, resterent donc livrés à la rapacité que les municipaux encourageoient; et par un arrangement de désordre qui prouve combien ils étoient maîtres de cette populace dévastatrice, ils établirent des *commissaires au pillage*, pour y faire observer, dans le partage des marchandises volées, ce qu'ils appelloient l'*égalité des droits* : ils le régulariserent même, au point qu'il commençoit et finissoit à des heures fixées (1). Loin encore de rappeller le peuple au respect des propriétés , ils en approuverent cette audacieuse spoliation, par un arrêté contre *le prix des denrées* même qu'on pilloit. Ainsi lorsque, quelques mois après, le même pillage s'effectua dans Paris, Bentabolle disoit à la convention que , loin d'écouter les épiciers qui s'en plaignoient, il falloit leur faire restituer ce qu'ils avoient gagné , selon lui, *très-injustement.* (25 et 26 février 1793.)

Le pillage, favorisé d'une maniere aussi engageante , se continua pendant quatre jours , dans Lyon, au gré d'une rapacité qui , s'agrandissant dans ses desirs, par la prévoyance des besoins futurs, voulut, après s'être gorgée de sucre, d'huile et de café, perpétuer indéfiniment le brigandage, et s'en faire une ressource durable. Les voleuses d'épiceries afficherent une proclamation où , s'intitulant *les Citoyennes de Lyon*, elles taxoient effrontément, *au nom du peuple souverain de cette ville*, toutes les denrées , à un prix si vil, que ce n'étoit qu'un nouveau mode de pillage, préférable disoient-elles, à « ces moyens violens que

____

(1) Perret en étoit l'ordonnateur principal.

,, nécessitent les calamités publiques ,,. La municipalité approuva cette taxe : elle la completta même,
en fixant sur les mêmes bases, les denrées omises
dans le premier tarif ; et les paysans qui appro-
visionnoient la ville, furent sommés de se conformer à cette fixation, non moins injuste que
dangereuse.

Il en arriva ce qu'on avoit voulu ; les marchés
furent, pendant plusieurs jours, une arene de rixes
cruelles, où des denrées précieuses étoient arra-
chées, disputées, froissées. Les cultivateurs dépouillés avec violence, fuyoient, bien résolus de
ne plus en apporter ; et les brigands les poursuivoient, en menaçant d'aller, jusques dans leurs
champs, enlever les fruits obtenus par leur culture.
Aucun moyen n'étoit plus propre à produire dans
Lyon, la disette et la guerre civile.

Le lendemain de la proclamation du tarif,
lorsque les municipaux crurent avoir poussé la
crise à son plus haut période, ils proposerent
aux administrations supérieures, d'approuver une
horrible délibération ,, dictée par les émissaires
,, Huguenin et Michot ,,, dans laquelle, sous prétexte de rechercher les auteurs des troubles qu'eux
seuls avoient causés, ils vouloient que les portes
de la ville fussent fermées de suite, et qu'on pro-

cédât aussi-tôt à la perquisition nocturne de tous les domiciles. Les administrateurs eurent la lâcheté d'y consentir : l'épouvantable comité des trois cents fut chargé de la visite; et par ce moyen, les acteurs même du brigandage furent envoyés pour arrêter les propriétaires même, dont ils avoient ravi les marchandises. Il importoit aux organisateurs en chef des *septembrisations*, qui trouvoient celle du 9 trop peu complette; il leur importoit, dis-je, de s'assurer d'un grand nombre de victimes, parce que les *septembriseurs* de Paris, ces féroces Marseillois de Barbaroux et de Rolland, alloient arriver.

La nuit couvre à peine la ville de ses ombres, que chacun est consigné chez soi, avec l'obligation d'illuminer ses fenêtres, pour éclairer la marche du crime. Chaque personne rentre avec d'horribles inquiétudes qu'il ne lui est pas permis de communiquer à ses voisins. Chacun enfermé dans sa maison, comme en un cachot, au secret, séparé de toute instruction rassurante ou consolatrice, se livre aux terreurs qu'inspire le souvenir des massacres de Paris et de Versailles, auxquels les mêmes mesures avoient servi de prélude. L'imagination frappée déja fait entendre les cris déchirans de ceux qu'on égorge : on croit voir des milliers de citoyens exterminés par le fer des assassins. Les illuminations tremblantes ajoutent à l'horreur d'une telle illusion : il semble qu'on voie présenter à leur foible lueur, la tête de ce qu'on a de plus cher ; toutes les circonstances de la fatale nuit du 9 septembre, se reproduisent à l'esprit. Chacun garde le plus morne silence, dans la situation d'un malheureux condamné, qui attend le coup fatal, au pied de l'instrument de son supplice.

Quel ne fut pas l'effroi de ceux qu'on enleva pour les jetter dans les prisons ? Et combien furent atteints de cette frayeur mortelle ? Tous ceux qui ne pouvoient prouver l'ancienneté de leur établissement dans Lyon, étoient arrêtés ; tous ceux qui se trouvoient natifs des contrées méridionales, étoient arrachés de leur demeure ; tous les Lyonnois renommés à cause de leur fortune ou de leur énergie contre les brigands, étoient emmenés, comme coupables. On ne cessa, pendant toute la nuit, de traîner des troupes d'accusés de ce genre, devant les farouches inquisiteurs, préposés par la municipalité pour les interroger : les vastes souterrains de l'hôtel-de-ville, et beaucoup d'autres prisons préparées à cet effet, en furent comblées.

La proie des *hommivores* de la municipalité et du club, leur étant ainsi assurée, l'on essaya de porter le peuple à se montrer capable de carnage, sans le secours de ces Marseillois qu'on attendoit. Pour cela, on l'exaspéroit par la crainte affectée de la disette. On lui déclara formellement qu'on n'avoit plus de vivres que jusqu'au lendemain, onze heures ; et cette déclaration même lui désigna les détenus, ou comme des réfugiés contre-révolutionnaires qui absorboient sa substance, ou comme des accapareurs qui avoient spéculé sur sa famine. A cette proclamation qui les dévouoit à la rage meurtriere de la populace, quelques voix salariées répondirent bien par des cris de mort; mais la trame étoit trop grossieré pour entraîner le peuple; il ne fut point ému par cette instigation.

On attendit donc ce qu'on appelloit *les braves Marseillois.* A peine ils approchoient, que l'élite des clubistes voloit à leur rencontre. Ce fut aux portes de la ville, qu'elle alla leur faire une réception d'honneur, après laquelle ils furent conduits pompeusement au club central, où des monstres altérés de sang, vinrent les entourer, et leur faire hommage de leur scélératesse.

Celui d'entre eux qui avoit été choisi pour leur

demander, en quelque sorte, le massacre, au nom de la société, s'en acquitta d'une maniere digne de son emploi. C'étoit un gentilhomme, nommé Riard de Beauvernois, chef de légion, auquel Lyon s'applaudit de n'avoir pas donné le jour. « Libérateurs de la république, leur dit-il, » nous avions besoin de vous, pour dompter les » ennemis innombrables qui contrarient ici nos » saintes opérations. Ce sont de riches négo- » cians, des *robinocrates*, des ci-devant nobles, » des mauvais prêtres, des *sans-culottes* même » qui ont oublié leurs droits. C'est par eux tous, » qu'ici tout patriote énergique est persécuté. Eh! » quelle persécution ! On l'écrase de coups, on le » foule aux pieds, on lui arrache la cocarde na- » tionale, on le traîne à la lanterne ». Après cette calomnieuse exposition, si propre à irriter les Mar- seillois, Riard se plaint de l'inaptitude du peuple de Lyon pour l'assassinat. « Semez, s'écrie-t-il en- » suite, semez votre énergie dans le cœur de ces » timides Lyonnois ; donnez-leur, en passant, » vos principes d'habitude, afin que nous puis- » sions terrasser des ennemis dorés que nous n'o- » sons presque pas regarder en face : faites que, » par vos discours, cette ville soit une ville mar- » tiale ; arrachez-nous de la malheureúse retenue

» que la crainte nous impose , et faites prêter à
» cette assemblée, le serment de n'avoir plus en-
» vers des hommes , cette timidité qui fait qu'on
» les épargne ».

Riard fut fort applaudi : d'autres orateurs, non
moins barbares , le paraphraserent; et cependant les
Marseillois de Barbaroux n'en furent pas électrisés.
Qu'on se rappelle le langage d'humanité, le ton de
modération , l'hypocrite philantropie qu'étaloit
Rolland , depuis que rentré dans le ministere, il
étoit remonté vers le but de son ambition ; et
l'on ne sera point surpris de ce que ces *septembriseurs* renommés partirent de Lyon, sans vouloir
réaliser les espérances que les sots et féroces clubistes avoient fondées sur leur homicide assistance.

Si les meneurs ne purent alors s'abreuver de
sang, du moins ils se gorgerent de butin. Les
sommes d'argent, saisies aux officiers de *Royal-
Pologne*, toutes celles enlevées dans les domiciles, dont les habitans se trouvoient absens ; les
hardes et les effets qu'on en avoit transférés à
l'hôtel-de-ville, furent partagés entre les municipaux et leurs commissaires inquisiteurs.

L'audace et les progrès du brigandage intimi-
doient tous les bons citoyens. Abattus par la
terreur, ils n'osoient presque plus se voir, se

parler, se concerter; on étoit encore environné des marques du carnage récemment fait, et l'on craignoit de le voir recommencer, lorsque, vers la fin de septembre, les assemblées primaires furent convoquées pour désigner les électeurs, par qui les députés à la prochaine convention devoient être nommés. On sent combien ces effroyables circonstances durent éloigner d'honnêtes gens, des assemblées primaires. Les clubistes y dominerent, suivant que l'avoient bien prévu deux des leurs, qui, de Paris, leur recommandoient d'en profiter pour nommer les députés dans ces premieres assemblées, au-lieu de s'y borner, suivant le terme de la loi, à choisir des électeurs. « Mais, » ajoutoient les deux correspondans, si vous » êtes forcés de nommer des électeurs, contrai- » gnez - les d'élire ceux que vous desirez, et » protestez contre la nomination de tous les au- » tres, comme n'ayant pas votre confiance (1) ».

____

(1) Lettre de Gaillard à Fillion. On y lit encore ces mots : « Je donne mon suffrage à Cusset et à Challier, c'est-à- » dire, que je desire que vous les nommiez ». — Laussel écrivoit aussi de Paris : « Désignez à vos électeurs Cha- » lier; Allier, libraire et maître de grammaire; Siauve, » curé d'Ampuis, alors commissaire des guerres; le curé » de S. Bonnet le Troncy; Bouttat pere, officier munic.

Il n'étoit ni facile, ni nécessaire d'éluder les assemblées d'électeurs. Ceux qui furent nommés, s'engagerent à se conformer aux vues des jacobins : ils promirent de ne porter à la convention que des *patriotes*, disposés à voter pour la mort de Louis XVI, et pour le renversement absolu de son trône.

L'assemblée électorale fut convoquée à Saint-Etienne-en-Forez, ville fameuse par sa manufacture d'armes et par une population en ouvriers forgerons, non moins brutale que nombreuse. Le sang des gens de bien y avoit déja coulé plus d'une fois. Elle fut jugée propre à réunir en ses murs, ceux qui devoient élire les députés à la convention, et à diriger les élections selon les vues des clubistes.

L'événement justifia cette horrible prévention : les suffrages se porterent d'abord sur ce vil et infame Cusset, ouvrier en gazes, homme crapuleux, dont le patriotisme consistoit à demander sans cesse qu'on promenât des têtes au bout des piques. Vitet qui, par les actes de sa mairie, avoit acquis

---

» de Villefranche en Beaujolois ; Prévéraud, chef de lé-
» gion de la même ville ; Anacharsis Clootz, dont je vous
» fais passer quelques écrits ». *H. et P,* , n.ᵒˢ. *IV et VIII.*

quelques droits à la préférence des électeurs, ne manqua pas d'être nommé. Pressavin leur parut aussi mériter leur choix, par la maniere dont il avoit rempli les fonctions de substitut de procureur de la commune. Tels furent les principaux députés de la ville, lesquels, non-contens de la déshonorer, se sont encore acharnés à la perdre (1).

____

(1) Les autres membres de la députation de *Rhône* et *Loire*, étoient étrangers à la ville de Lyon. La plupart sont restés dans une impuissance de nuire qui ne mérite qu'un dédaigneux silence ; et les autres ont acquis une célébrité qui repousse les éloges.

Du nombre des premiers, sont :

Dubouchet,
Noël Pointe, } ont voté pour la mort du roi.

Moulin, pour la mort, avec sursis, jusq. bann. des Bourb.

Marcellin Beraud,
Patrin,
Forest, } pour la détent. et bann. à la paix.
Fournier,

Michet, pour la détention perpétuelle.

Du nombre des seconds, sont :

Chasset, pour la détent. et bann. à la paix.

Lanthenas, pour la mort, avec sursis, jusqu'à la paix.

Dupuis fils,
Javogue, } pour la mort.

Pressavin,
Cusset, } pour la mort.

Vitet, pour la détent., et pour le bann. des Bourbons.

Le

Le même esprit d'intrigue qui dirigea le choix des députés, influa, quoiqu'avec moins de succès, dans la nomination des administrateurs du département et des juges du tribunal criminel; mais il maîtrisa presqu'entiérement celle des officiers municipaux, parmi lesquels on vit, à côté de quelques patriotes de bonne foi, beaucoup de ceux qui se glorifioient du titre de *sans-culotte*, ainsi que plusieurs *rollandins*, initiés dans le secret du parti, à la tête desquels Niviere se trouva placé comme maire. Challier fût élu président du tribunal civil, où il eut pour collègues, des brigands flétris dans l'opinion publique, et même par la main du bourreau. Presque tous les emplois furent conférés à ceux qui s'étoient montrés capables de la célébrité du crime. Il n'y eut pas, jusqu'à la direction de la poste aux lettres, qui ne fût mise entre les mains de la scélératesse.

De tels choix sont un vrai triomphe pour les clubistes. Ils s'applaudissent d'avoir attaché des sang-sues cruelles à leur patrie, pour pomper le sang de ses enfans, et des reptiles rongeurs, pour en dévorer les chairs vivantes. Ils mandent avec transport aux Jacobins de Paris, qu'ils ont enfin des fonctionnaires publics de *l'ordre de la*

Tome I. Hist. de Lyon.   G

sans - culotterie (1). Tels de sinistres corbeaux, en fondant sur un cadavre encore palpitant, annoncent par d'affreux croassemens, qu'ils vont assouvir leur féroce voracité.

------

(1) Voyez *Correspondance des Jacobins*, n°. 144. *Lettre du 10 décembre.*

LIVRE IV.

Connivence machinale des clubistes de Lyon avec les Cordeliers de Paris. Caracteres distinctifs des Cordeliers, des Jacobins et des Girondistes. Ces trois factions se disputent et s'arrachent Lyon. Vitet vient intriguer en faveur de ces derniers. Les Jacobins envoient une guillotine. Manœuvres pour accélérer la mort de Louis XVI. Indignation des citoyens des ports du Temple et de St.-Vincent. Consternation générale. Challier prépare un grand carnage. Visite domiciliaire de 14 heures. Arrestations innombrables. Epouvantable séance du club central. Complicité de plusieurs municipaux. Le maire Niviere s'oppose au carnage. Commerce sur la liberté des détenus et sur les certificats de résidence. Démission de Niviere. Noirceur des municipaux. Réélection de Niviere. Satisfaction générale. Dévastation du club central. Rage de la municipalité. Dispositions hostiles de sa part. Proscriptions nouvelles. Les Lyonnois sur la défensive. Conduite équivoque des administrations du district et du département. Faux rapports, adressés au comité de sûreté générale de la convention.

Lyon trembloit sous les menaces d'un brigandage sanguinaire qui, par son usurpation violente de l'autorité, légalisoit ses opérations. La probité, qui se fût permise de demander hautement justice, eût été conduite à l'échafaud. Les scélérats triomphoient ; dans leur arrogance, ils insultoient à la consternation publique, et faisoient croître l'effroi général, par le développement audacieux de leur infernale doctrine. « Le » temps est arrivé, disoient-ils, où doit s'ac- » complir cette prophétie : que *les riches seront* » *mis à la place des pauvres, et les pauvres à la* » *place des riches* (1) ». Le notable Roullot annonçoit que ceux-ci « seroient encore heureux, » si on leur laissoit la moitié de leurs biens ». Tarpan écrivoit de Paris, que « si les ouvriers » de Lyon manquoient d'ouvrage et de pain, ils » pourroient mettre ces calamités à profit, en » s'emparant des richesses, à côté desquelles ils » se trouvoient (2) ». Enfin le député Cusset leur crioit du même lieu : « Nul individu ne » peut mourir de faim, près d'un sac de bled... » Voulez-vous un mot qui paye pour tout ce » dont vous avez besoin ? Mourez, ou FAITES » MOURIR (3) ».

---

(1) Voy. *H. et P. Nos. X et XI.*
(2) *Ibid, No. XXIV.*
(3) *Ibid, No. XXVII.*

Ces principes épouvantables ne se concen-
troient point dans l'enceinte de la ville; des pré-
dicans alloient les propager dans les campagnes,
pour y allumer aussi la soif du désordre et du
carnage, dont la cité redonnoit l'exemple. Un
boulanger étoit arraché des prisons et mis en
pieces, par les bêtes féroces du club central ;
nombre de personnes étoient assassinées sur les
places, dans les rues, en plein jour ; et la police municipale laissoit impunis, des meurtres,
que sans doute elle avoit promis de favoriser
par son silence.

La cause de ces agitations meurtrieres, étoit
dans l'effort que faisoit à Paris la faction des
Cordeliers, aidée des *Jacobins*, pour renverser
la république naissante, susciter une *septembrisation* contre les députés, appellés *girondins*, et
donner un dictateur à la France.

Il importe, afin de faire comprendre tout
ce qui va suivre, de s'arrêter ici pour reconnoître les traits caractéristiques de ces trois
factions, leurs motifs, leurs vues, leurs mouvemens particuliers ; car c'est aux efforts que
chacune d'elles a faits pour s'emparer de Lyon,
qu'il faut attribuer les déchiremens que cette
ville a soufferts.

Les *Jacobins*, proprement dits, composés de la lie de la société, professoient le brigandage et le meurtre, uniquement pour eux-mêmes, et par l'appât des richesses qu'ils en espéroient. Les *Cordeliers*, plus vastes dans leurs desseins, ne vouloient ces désordres, que pour parvenir, par une désorganisation complette, à l'établissement, sans obstacle, du trône de d'Orléans. Ils s'aidoient efficacement de l'influence des Jacobins, dans la société desquels ils venoient, comme affiliés, lui donner une direction convenable à leurs complots. On sait que cette réunion produisit le parti formidable qui prit le nom de *la Montagne*.

Le *girondisme* naquit de l'orgueil irrité de certains fauteurs de l'*orléanisme*, auxquels Philippe préféroit les Danton, les Marat, les Robespierre, les Dubois−Crancé, les Tallien, les Thuriot, etc., et qui, pour s'en venger, avoient *furtivement introduit la république*, suivant l'expression connue de Robespierre. Tels furent les Condorcet, les Brissot, les Rolland, les Barbaroux, les Vergniaud, les Guadet, les Gensonné, etc., qui faisant alors un hypocrite etalage de modération et de principes, s'efforçoient de rendre estimable la république, cet œuvre de leur vengeance (1). Tous ceux qui réunis-soient la peur de l'anarchie, à la haine d'une autorité qu'ils ne partageoient pas, se rangerent dans ce parti. Non moins ennemis de l'ordre, et non moins sanguinaires que les Jacobins, tant que le pouvoir fut entre les mains du roi, les *girondins* ne s'éleverent, contre eux, que pour revendiquer la puissance souveraine. Aussi fu-nestes qu'eux à Louis XVI, ils leur ont envié le plaisir de le déclarer coupable; mais plus timides et plus rusés, ils ont cru, après l'avoir ainsi condamné réellement à la mort, qu'ils se mettroient à couvert des suites, en se retran-chant, avec de ridicules formes de justice et d'humanité, derriere l'inutile *appel au peuple*.

Lyon étoit alors, comme nous l'avons dit, la proie des *Cordeliers* et des *Jacobins* réunis; les *girondins* conçurent le dessein de leur enlever cette ville. Vitet qui, toujours fidele à Rolland, se trouvoit des leurs, parut d'autant plus pro-pre à faire cette conquête, que sa connivence avec les *septembriseurs* de Lyon, ne pouvoit que

---

(1) Babœuf nous apprend (20 *et* 21 *pieces*), que d'Or-léans donnoit tous les matins à déjeûner, chez Robert, député de Paris, à Dubois-Crancé, Merlin de Thionville, Thuriot, Tallien; et que Sillery, son intendant, rassembloit chez lui les Vergniaud, les Guadet, les Gensonné, etc.

lui faciliter les moyens d'en venir à bout. Ce fut pour cela qu'ils l'y firent envoyer deux fois de suite, au nom de la convention, sous le prétexte de quelques troubles dont ils n'étoient pas innocens. Vitet échoua; Challier qui connut ses projets, devint son ennemi, le club central lui déclara la guerre; et Vitet, loin de le désarmer par beaucoup de dissimulation, s'emporta, jusqu'à dire aux administrateurs du département, en conseil-général, qu'il ne falloit pas « se familiariser avec le peuple, parce que la familiarité engendroit le mépris ».

Alors les clubistes éclaterent avec fureur contre Vitet. Il tenta de se disculper par une affiche, où Challier et ses disciples crurent voir qu'il les dévouoit au poignard. Des clameurs menaçantes s'élevoient contre lui : le *cordelier* Tallien les répétoit dans son journal ; Vitet sentit le danger de séjourner à Lyon. Il en partit, couvert de l'exécration des *patriotes*, qu'il laissoit incurablement irrités contre tout ce qui tenoit au *girondisme*, sous le nom de *feuillantins*, de *modérés* et de *rollandistes* (1).

____

(1) Le maire Bertrand et les autres municipaux, donnerent sur ces événemens, en mars suivant, un mémoire curieux,

Vitet avoit dû pressentir dans cette mission, que c'alloit être une œuvre méritoire que de donner la mort à un *girondin;* car ce Casati, mis en prison pour avoir voulu l'assassiner, venoit d'en sortir, et de faire incarcérer à sa place le *rollandin* Perret, qui l'y avoit jetté; et Vitet, son ami, ne pouvoit, avec tous les pouvoirs de la convention, obtenir la liberté de son défenseur.

Il ne dut point non plus se dissimuler par quel empire de terreur, son parti alloit être subjugué, quand il vit que, pour en écraser l'influence à Lyon, les Jacobins venoient d'y envoyer une guillotine, dans la rivalité de laquelle il eût en vain espéré d'avoir l'avantage.

C'étoit avec des transports mêlés de reconnoissance et d'admiration, que Challier avoit

---

dont nous citerons, avec quelque confiance, le trait suivant:
« Il étoit essentiel au parti Rolland, que Vitet fût en quelque
» sorte résident à Lyon, revêtu de pleins pouvoirs de la con-
» vention. Pour parvenir à ce but, Niviere, secondé par
» Perret, excitoit, ou favorisoit à point nommé, des troubles,
» en lançant d'un côté, le peuple peu instruit; et de l'autre,
» les *grenadiers* ou *muscadins.* Alors Brissot, ou autres
» *rollandins* conventionnaux, désignoient Vitet pour com-
» missaire, et Vitet partoit aussitôt : il est remarquable que
» lors des derniers troubles, il est arrivé à point nommé ».

reçu cet instrument de mort, jusqu'alors in‑
connu dans Lyon. Et pour que cette guillotine
causât, dès son arrivée, les impressions qu'elle
étoit destinée à produire, il l'avoit fait expo‑
ser d'abord sur la place de *Bellecour*, et ensuite
sur celle des *Terreaux* : ici, « pour effrayer,
» disoit‑il, les aristocrates de la noblesse,
» et là, pour faire trembler ceux du com‑
» merce ».

Le tribunal criminel, à qui seul il apparte‑
noit de la faire servir, étoit composé, en ma‑
jeure partie, d'hommes humains et probes, qui
différoient même d'y condamner de vrais cri‑
minels, parce qu'ils prévoyoient que le spec‑
tacle de sang qu'elle devoit offrir, ne pouvoit
manquer de donner au peuple le goût d'en
verser (1). Mais Challier, impatient de la voir
agir, se plaignoit de ces délais, en un fou‑
gueux discours qu'il prononçoit dans le tribunal
même, dont il étoit président. « Je suis étonné,
» s'écrioit‑il, qu'on s'avise de mettre autant
» d'appareil et d'importance pour décoller....
» Si vous voulez conserver votre liberté, pu‑

---

(1) Ces délais venoient sur-tout de l'avocat Brochet, accu-
sateur public, magistrat non moins distingué par son honnê-
teté, que par ses talens.

» nissez par cette massue d'Hercule , tous les
» traîtres » . . . . Et portant de loin ses regards
sur Louis XVI, encore enfermé dans le Temple : « Depuis trois mois, ajoutoit-il, la con-
» vention auroit dû débarrasser la terre d'un
» tel fardeau, et elle débute par essayer de dé-
» créter la république . . . . . . Louis étant en-
» core en vie, est toujours à la tête de nos
» ennemis; pourquoi recourir à des juges ! Le
» tribunal qui doit le juger, c'est la foudre du
» peuple. Brutus ne s'arrêta point à faire le pro-
» cès à César, il le frappa de vingt coups de
» poignard. Avec le perfide et dernier Louis,
» s'évanouiront toutes les conspirations contre
» la souveraineté nationale. Le peuple aura du
» pain, n'en doutons pas; le premier article de
» la loi que nos législateurs doivent faire sur les
» subsistances, c'est de prononcer la mort du
» tyran ».

La funeste magie du mot *subsistances*, ce mobile trop puissant des émeutes populaires, fut
sur-tout mise en œuvre à Lyon, lorsqu'on voulut déjouer l'astucieux *appel* des *girondins*. Pour
le prévenir, on imagina de leur opposer d'a-
vance le peuple de Lyon soulevé contre les
appellans. Une adresse est demandée par les clubistes, à grands cris, dans une des salles de la

municipalité ; un jeune forcené nommé Lambert (1), la rédige : elle porte que « le peuple » Lyonnois veut que la tête de Louis tombe de » suite sur l'échafaud, attendu que le renvoi de » son procès, aux assemblées primaires, ne pou- » voit qu'allumer la guerre civile ». Deux cents signatures, au plus, furent apposées au bas de cette adresse, malgré l'empressement des clubistes à la signer, malgré leurs menaces de noter sur une liste *noire*, les assistans qui ne signeroient pas avec eux. La municipalité mêla ses noms parmi les leurs. L'administration du département, qu'elle avoit convoquée pour signer avec elle, refusa de s'y rendre ; et si quelques-uns de ses membres y vinrent, ce fut par inclination, et sans délégation de leur corps.

Comme il importoit d'avoir une masse plus nombreuse de signataires, on établit ensuite des tables sur les places, au coin des rues, et sur les quais, pour faire signer les passans. On les arrêtoit par le bras, on les amenoit de force au bureau, où néanmoins la plupart refusoient de s'inscrire. Le bruit de ces violences s'étant répandu, fit rentrer chez eux tous les bons

____

(1) Lambert n'étoit point Lyonnois. Voyez ci-après, Liv. VI.

citoyens. Il ne resta plus aux clubistes, que cette classe stupidement curieuse de femmes et d'enfans, avides de choses singulieres, à qui l'adresse présentée, comme un moyen d'obten'r le pain à vil prix, fit donner facilement des signatures. Cette exécrable scene se passa le dimanche (13 janvier); on avoit compté sans doute sur la multitude, trop ordinairement immorale et cruelle, en choisissant un de ces jours, où son oisiveté la livre à tous ses vices; mais on ne s'étoit pas attendu à de si foibles succès. Le peuple de Lyon parut indigné; et même en certains quartiers, il renversa les bureaux, brisa les tables et les chaises sur les hideux personnages qui, couverts de haillons, surprenoient des signatures aux imbécilles. Cette action illustre assez les quartiers où elle se fit, et les habitans qui en furent les auteurs, pour que je sois autorisé à les désigner. La gloire de cette louable espece de justice populaire, appartient aux citoyens du *Port du Temple* et *du Port St.-Vincent*, non moins recommandables par leur probité, leur franchise et leur courage, que remarquables par leur stature, leur force, leur adresse, et leurs dispositions guerrieres: ces hommes estimables se sont toujours montrés irréconciliables avec les Jacobins, et toujours prêts à les écraser.

Il y avoit à peine huit jours que cette méprisable adresse avoit excité tant d'horreur, éprouvé tant de refus, lorsqu'elle fut impudemment offerte, « de la part des sans-culottes de Lyon », aux Jacobins de Paris, comme « revêtue de quinze mille signatures (1) ».

La convention ne s'en prévalut point, soit parce qu'elle n'eut pas besoin de cet expédient pour écarter l'*appel au peuple*, soit parce qu'une lettre, envoyée de Lyon à son président, lui fit comprendre combien cette ressource étoit misérable. Le pseudonyme qui l'écrivit, ne laissa point ignorer les manœuvres, aussi grossieres que scélérates, par lesquelles on avoit recueilli tant de noms (2).

Le jugement, le supplice, et la mort de

____

(1) Voyez *séance des Jacobins*, dimanche 20 janvier.

(2) Cette lettre, datée du 16 janvier, et signée *David, citoyen de la section de la commune de Lyon*, fut renvoyée aux comités de la convention, sous les numéros 455 et 2621. Nous appellons avec raison *pseudonyme*, celui qui l'écrivit, parce que, deux mois après, lors de la mission de Legendre et Bazire à Lyon, on en rechercha vainement l'auteur, sous ce nom; et l'on ne trouva point à qui s'en prendre pour tirer vengeance de cette épître, qu'ils avoient apportée, comme corps du délit et preuve de conviction.

Louis XVI furent bientôt connus à Lyon. L'historien impartial doit dire qu'à cette nouvelle,
toute la ville sembla se couvrir du crêpe funebre de la douleur. Un observateur me rapporta
le jour même, que cette consternation générale
ne servoit qu'à faire remarquer le contentement
des clubistes, et la sérénité de quelques protestans. Les Lyonnois regardoient cet événement
comme le prélude d'un débordement de massacres, par qui rien ne seroit épargné ; et ils ne
se trompoient pas. Challier confirmoit de toutes
ses forces, des allarmes si cruelles ; il étoit déja
dans la tribune du club central, disant à tous les
tigres, rassemblés autour de lui : « Le grand jour
» des vengeances est arrivé ; cinq cents têtes
» sont parmi nous, qui méritent le même sort
» que celle du tyran (1) ».

Eh ! comment les citoyens qui l'offusquoient,
n'auroient-ils pas été menacés, puisque ses clubistes, animés de sa fureur, étendoient leur sol-
licitude sanguinaire jusques sur la capitale, où

––––––––––––––––––––

(1) Challier montra le même jour, dans la tribune du club,
un tableau du Christ, en disant : « Ce n'est pas assez que
» le tyran des corps ait péri, il faut détruire aussi le tyran
» des ames » ; et mettant le Christ en pieces, il le foula sous
ses pieds.

ils envoyoient de nouveaux fédérés, « pour la
» purger, disoient-ils, des députés qui n'avoient
» pas voté la mort du roi (1) ».

Après avoir fourni contre eux ce contingent
d'assassins, Challier ne s'occupa plus que du
massacre de ses concitoyens. Il conduisoit, le 28
janvier, sur la place des *Terreaux*, ses affidés
les plus féroces, armés de piques; et là, au
pied de l'arbre de la liberté, il leur faisoit prononcer avec lui l'épouvantable serment « d'ex-
» terminer tout ce qui existoit sous le nom
» d'aristocrates, de *feuillantins*, de *modérés*,
» d'*égoïstes*, d'*agioteurs*, d'*accapareurs*, d'*usu-*
» *riers*, ainsi que la caste sacerdotale *fanati-*
» *que* (2) ». Et ce que Challier vient de faire
jurer, il le répete sans cesse, il le redit dans ses
lettres : par-tout l'on voit et l'on entend cette
phrase chérie de son ame atroce : « La ville a
» besoin d'une forte purgation.... Purgeons,
» purgeons la république..... Il est temps de
» porter de grands coups ».

---

(1) Voyez *séances des Jacobins*, premier et 15 février :
Correspondance.

(2) Cette formule, du serment prononcé le 28 janvier, s'est
retrouvée dans les papiers de Challier. Elle est encore consi-
gnée dans une lettre qu'il écrivit à Gaillard, le 3 février. — *H.*
et P., N°. *XXV.*

Challier

Challier le croyoit, parce qu'on touchoit au jour fixé pour un massacre général ; mais les Jacobins lui mandèrent qu'il falloit ajourner cette expédition (1). Challier en eut du regret : « Nous » étions tous disposés , écrivoit-il à Gaillard, » nous étions tous disposés à purger la ville (2), » mais vos lettres ont éteint nos premiers feux »... « Patience cependant », ajoutoit-il, dans l'intention de les rallumer bientôt. Le jour même, il distribua des cartouches à tous les clubs ; le lendemain (4 février), il rassembla les clubistes autour d'un sarcophage, élevé en l'honneur de Michel Le Pelletier, sur la place de *Bellecour ;* et dans l'oraison funebre qu'il décerna à sa mémoire, il leur dit : « O mes braves sans-culottes, » jurons, et ne jurons pas en vain ; jurons d'ex- » terminer tous les tyrans et leurs suppôts..... » Jurons de purger la terre de la liberté, de tous » ceux qui n'ont encore donné aucune marque » de civisme : c'est le seul encens qui doit être » brûlé sur la cendre de Michel Le Pelletier (3) ». Immense proscription, dont le fer homicide de-

_____

(1) Par une lettre du 22.
(2) Lettre du 3 février. *H. et P. N°. XXV.*
(3) *Ibid. N°. L.*

Tome I. Hist. de Lyon.   H

voit moissonner tout ce qui n'étoit pas affilié des clubs !

Impatiens de frapper, les clubistes emprisonnent de suite plusieurs d'entre ces citoyens du *Port du Temple*, qui s'étoient si énergiquement déclarés leurs ennemis. Mais comme ces détenus étoient en trop petit nombre pour suffire à la vaste immolation qu'on se proposoit, la municipalité se fait demander, le soir même, par une députation du club central, d'ordonner des visites domiciliaires, sous prétexte de « purger la ville des scélérats qui » l'infestoient ».

En conséquence, et malgré les remontrances du maire, la municipalité ordonne, sur les huit heures du soir, que les visites se feront à quatre heures du matin. Le club est chargé de fournir les commissaires pour ces perquisitions. Il n'est pas dix heures : et déja plus de trois cents d'entre eux se présentent. La municipalité leur donne des pouvoirs ; le maire les invite à la modération : mais Challier, survenu pour les diriger à son gré, quoique étranger aux fonctions municipales, les harangue *en vrai dictateur* dans le sens atroce du discours que nous venons de citer (1).

______

(1) C'est Niviere lui-même qui, dans sa lettre du 9 février, à l'un des membres de la convention (Vitet), dit que

Trois heures et demie du matin sont à peine sonnées, que ces farouches inquisiteurs se répandent dans les différens quartiers ; les barrieres de la ville se ferment, la navigation des rivieres est interrompue, la générale se fait entendre. A ce bruit effrayant qui réveille tout le monde en sursaut, le tremblement est dans tous les cœurs. Une force armée, presque toute composée des fauteurs de la conjuration, se rassemble autour des commissaires ; on viole les domiciles : les citoyens sont surpris, tremblans, à demi-vêtus, ou dans leurs lits. Des milliers d'entre eux sont arrachés, et traînés à l'hôtel-de-ville, devant une commission de conjurés, chargés de reconnoître les proscrits, et de les jetter dans les cachots. La visite et les incarcérations se prolongent encore, pendant toute la journée (du 5 février) ; et ce n'est qu'à six heures du soir, qu'elles cessent. Alors une proclamation vient

---

Challier avoit alors parlé *en vrai dictateur*. Et il paroît que Challier n'en prenoit le ton, que parce qu'il espéroit d'en avoir bientôt l'autorité. Son ami, le marseillois Joseph Germain, proposa peu après à Robespierre, de le faire proclamer *dictateur* à Lyon. Challier avoit d'abord aspiré à la mairie, mais il préféra d'y renoncer, pour viser à la dictature lyonnoise. *H. et P.*, *N°. CXXXVIII.* (*Lettre de Germain*, Paris, 18 avril 1793.)

H 2

rassurer les citoyens, les barrieres s'ouvrent, les communications se rétablissent ; une sécurité trompeuse fait reparoître quelques proscrits, qui avoient échappé ; mais la commission ne les retrouvant point parmi ceux qu'on lui a présentés, les fait rechercher, la nuit suivante : ils sont pris, et plongés dans les prisons.

En même-temps, pendant cette nuit, du 5 au 6 février, les conjurés travaillent avec ardeur à préparer le massacre des détenus. Des réclamations un peu vives en faveur des prisonniers du *Port du Temple*, servent de prétexte, à la municipalité conspiratrice, pour se faire amener huit pieces de canon, qu'elle place dans une cour, à portée des séditieux qu'elle protege. Pendant ces préparatifs, ceux-ci vont aux prisons de *Rouanne*, afin de savoir si la guillotine, qui s'y trouve, est en bon état, et pour recommander aux guichetiers « d'être diligens à la remettre, lorsqu'on vien- » dra la demander ». Dès le matin, tous les satellites de la conjuration sont rassemblés, au son de la cloche, dans leurs clubs particuliers, d'où bientôt ils sont appellés, en grande hâte, au club central, par une alarmante circulaire, qui leur dit : « On conspire contre vous et contre vos ma- » gistrats ; levez-vous, courez au centre : immo-

,, lons nos ennemis (1) ,, ; et de toutes parts ils s'élancent en furieux dans ce laboratoire fécond en forfaits.

Lyon étoit sur un volcan, les conjurés réunis préparoient dans le mystere, une explosion prochaine : tout présageoit de grands malheurs ; les bras honnêtes étoient enchaînés par l'autorité municipale, complice elle-même de la conjuration. L'administration du département même sembloit lui être favorable : dans une proclamation, elle disoit aux citoyens, « de ne pas croire que les ,, municipaux pussent trahir leurs devoirs (2) ,,. On pouvoit penser que tous les consuls étoient d'accord avec Catilina. La ville découragée ne voyoit plus d'où le salut pouvoit lui venir.

Le maire Niviere étoit suspect aux conspirateurs, qui le regardoient, avec raison, comme un suppôt des *girondins*, dont Challier vouloit que « toute la secte éprouvât la guillotine (3) ,,. Les liaisons de Niviere avec Vitet, le rendoient odieux ;

---

(1) Cette circulaire étoit signée : *Montfalcon.*

(2) *Procès-verbal du département.* Séance publique du 6 février 1793.

(3) *Lettre de Challier* déja citée, en date du 3 février 1793. — *H. et P., N°. XXV.*

et Challier disoit nettement, " que la ville avoit
,, besoin d'en être purgée ,,. Celui-ci ne doutoit
pas que son nom ne fût en tête des premieres tables
de proscription. Périr, ou sauver la cité, en se sauvant soi-même : étoit la seule alternative qui lui
restât. Il prit la résolution que l'intérêt et l'honneur commandoient; et il l'exécuta avec tant de
courage et de sagesse, que la gloire qu'il en eut,
éclipsa tous ses torts.

Sans connoître encore la trame qui s'ourdissoit
dans le club central, mais alarmé par ce rassemblement extraordinaire, il enjoignit au commandant des troupes de ligne, et à celui de la garde
nationale, de pourvoir à la sûreté publique.
L'hôtel-de-ville, ainsi que les rues adjacentes,
se trouverent bientôt gardés par de l'infanterie,
de l'artillerie et même de la cavalerie, en nombre
imposant. Trois bataillons choisis de citoyens,
vinrent s'y joindre; et les piquets, semés dans
la ville, furent renforcés par de nombreuses es-
couades.

Ces précautions irriterent la municipalité, qui,
toute déconcertée, les traita, tantôt avec mépris,
comme l'effet d'une terreur panique; tantôt avec
perfidie, comme un expédient pour faire insurger
les citoyens. Elle s'échappa jusqu'à dire que " le

,, salut public étoit confié à ce club central ,,,
contre lequel on se prémunissoit ; et les municipaux furieux tendirent le poing contre Niviere,
qui les avoit déroutés. Pour bien juger de leur
rage , transportons-nous dans cet affreux club,
dont les complots leur étoient communs.

Challier, entouré de tout ce que la ville avoit
pu fournir d'anarchistes et d'assassins, leur avoit
déja fait prêter le double serment de ne dévoiler
jamais ce qu'on alloit décider, et de ne point se
séparer, avant la consommation du projet. Il leur
disoit, en indiquant les détenus : « Si de nom-
,, breux ennemis nous menacent, vengeons-nous
,, sur ceux que nous tenons. Les mesures que
,, j'ai à vous proposer, sont dignes de vrais *sans-*
,, *culottes* et du souverain ,,. Les scélérats applaudissent ; et bientôt il est résolu qu'on va former un tribunal révolutionnaire , semblable à
celui des *septembriseurs* de Paris. Déja les juges
et les jurés sont choisis ; un licteur est nommé
pour marcher devant eux , mais on craint de
n'avoir pas assez d'exécuteurs : « Tout le monde
,, peut et doit l'être, s'écrie Laussel, il n'y a
,, qu'une ficelle à tirer, et la guillotine va toute
,, seule ,,. Quel sera le lieu des exécutions ?
Laussel préféroit la place des *Terreaux*, « parce

,, que, disoit-il, en arrosant du sang des victimes,
,, l'arbre de la liberté qui s'y trouve, en enterrant
,, les cadavres au pied, on lui feroit prendre ra-
,, cine ,,. Mais le *Pont Morand*, proposé par Challier, semble préférable, à cause de la facilité qu'il
offre de se débarrasser promptement des têtes et
des corps, en les jettant dans le Rhône, à mesure qu'on les décollera. La formule du jugement
est déterminée : le président du tribunal doit, en
présentant au condamné, une baguette brisée, lui
dire : « Il est aussi impossible que vous restiez sur
,, la terre, comme il l'est què ces deux bouts se
,, rejoignent : « *Faites passer le pont à Monsieur* ,,.

Pour dissiper toute crainte capable de retenir
les assistans, on leur confie qu'une partie de la
municipalité a promis protection, et qu'on se
propose de garder à vue, pendant l'exécution,
toutes les autorités qui pourroient la contrarier.
Les canons déposés dans l'hôtel-de-ville, sont
destinés à défendre les avenues du pont. Cinq
mille cartouches, fournies par quelques municipaux, sont distribuées aux clubistes ; Riard s'établit le chef de l'expédition. Ceux qui se sont
chargés d'y faire concourir ce qu'il reste de mauvais sujets dans leurs sections respectives, partent
pour les y mettre en mouvement.

On se croyoit trop puissant pour s'en tenir à l'immolation des personnes emprisonnées de la veille ; on étendoit la proscription sur une immensité de citoyens encore libres, en les qualifiant de « *royalistes*, *d'aristocrates*, *d'insoucians*, » de *modérés*, de *rollandins*, etc. ». Le maire se trouvoit inscrit, le premier, sur ces listes de sang et de carnage.

Tous les assistans n'étoient heureusement pas des complices. Quelques gens du peuple qui avoient été entraînés par ce *je ne sais quoi* d'immoral, qui les subjugue toujours, sans qu'ils soient des brigands, frémissoient en silence devant des propositions auxquelles ils n'étoient point encore accoutumés. On n'osoit ni se regarder, ni se parler, ni sortir. Le notable Roullot parcouroit les rangs pour juger sur les physionomies, s'il y avoit quelques désapprobateurs, et les livrer sur-le-champ *au glaive des sans-culottes*. De bons citoyens, que la curiosité de l'inquiétude avoit amenés, suffoquent d'indignation ; ils se poussent vers la porte, malgré les menaces qu'on leur fait : elle est forcée ; on sort en foule ; il ne reste à Challier, pour exécuter son complot, qu'une bande trop insuffisante, avec laquelle néanmoins il s'avise de marcher vers l'hôtel-de-ville. Mais à l'aspect des dispositions militaires de Niviere, il se déconcerte : " Le coup est manqué " ! s'écrie-t-il ; et ses satellites sont aussi-tôt dispersés par la frayeur.

Le but des municipaux conspirateurs, ne fut pas cependant tout-à-fait manqué. Le dépouillement des gens riches, les intéressoit, autant que le massacre auquel ils les avoient dévoués. Laussel avoit dit confidentiellement, avant la visite domiciliaire : " Il ne m'en faut qu'une, pour faire ma " fortune " ; et c'étoit pour cela que parmi les détenus, on voyoit les personnes réputées opulentes, les banquiers les plus riches, les agens de change les plus accrédités. Pour se consoler de ne pouvoir encore se partager leur héritage, ils se diviserent une grande quantité d'effets précieux, dont l'enlévement s'étoit fait de leur ordre, par les commissaires de la visite ; ensuite ils exigerent des sommes considérables, pour la rançon des prisonniers.

Non-seulement ils vendirent chèrement à ceux-ci la liberté qu'ils leur rendoient ; mais encore ils taxerent insolemment ceux auxquels ils n'avoient pu la ravir. Leur exécrable cupidité s'ouvrit une autre source de profits, non moins affreuse, dont ils convinrent entre eux, de tirer le plus grand avantage : ce fut de vendre des certificats de résidence, notés d'un signe, propre à perdre ceux qu'ils auroient eux - mêmes forcé d'en acheter. Un arrêté de la municipalité autorisa le notable Roullot à leur faire payer ainsi de véritables arrêts de mort, comme d'excellens titres de sûreté. Le signe fatal devoit être la signature du maire. Qui pouvoit se défier d'un tel piege! Qui pouvoit y échapper, puisqu'il n'étoit presque personne, hors de la sphere des *sans - culottes*, qui n'eût besoin dé certificats de résidence, soit pour repousser les dénonciations si fréquentes alors, soit pour se garantir du séquestre, soit enfin pour obtenir le paiement de ses rentes sur l'état? Amené vers Roullot par la nécessité, on y éprouvoit des insultes, des rebuts, des menaces même, jusqu'à ce que, sur le point d'être arrêté comme *suspect*, on imaginât enfin d'appaiser ce brigand magistrat, par l'offre d'une somme qu'il dédaignoit encore, tant qu'elle ne montoit pas au taux de sa cupidité. Et lorsqu'enfin, après lui avoir compté cette somme, on croyoit obtenir de lui, un témoignage légal et rassurant de sa résidence, on ne recevoit qu'une sentence, par laquelle on étoit condamné réellement à la confiscation de ses biens, et à la perte de sa vie. Vit-on jamais de combinaison plus criminelle et de prévarication plus abominable (1)!

En sauvant sa tête et la ville, Niviere avoit encore plus mérité la colere des conjurés. Ceux du club allerent le dénoncer au département, comme indigne de la mairie ; ceux de la municipalité le déclarerent formellement déchu de la confiance de la commune. Il entra dans leurs vues, car le dégoût de ses fonctions, sa lassitude et son insuf-

---

(1) Ce fait est si incroyable qu'il mérite d'être appuyé par la transcription de l'arrêté dont je parle. Du 4 février 1793..... *Considérant qu'il est urgent d'autoriser le citoyen Roullot à délivrer de faux certificats aux divers émigrés, ou à leurs agens qui en demandent : afin de pouvoir en mettre sous le glaive de la loi, autant qu'il sera possible; le procureur de la commune entendu : l'assemblée arrête que le signe qui caractérisera la fausseté des certificats de résidence délivrés par la municipalité de Lyon, sera la signature du maire, quel que soit son nom, présent et à venir: — Que Roullot reste autorisé à délivrer lesdits certificats, à recevoir toutes les sommes qui en proviendront, et à les déposer au greffe de la municipalité. — Cet arrêté sera envoyé au comité de surveillance de la convention* (qui l'approuva), *ainsi qu'à tous les départemens ;* (ils le repousserent avec horreur), *les invitant de garder le plus grand secret, et de faire arrêter toutes les personnes, porteuses des susdits certificats.*

fisance en des conjonctures de plus en plus difficiles, lui firent donner sa démission. L'administration du département crut devoir ne pas y consentir; il insista : et elle fut reçue, à la grande satisfaction des clubistes. Deux des plus forcenés
d'entre eux, Achard, administrateur du département, et Gaillard, juge du district, s'empresserent
de manifester, au nom de tous, la joie de *la sansculotterie de Lyon*, à leurs amis, députés conventionnels, Pressavin, Javogue, Dupuis, Pointe et
Dubouchet. Cette démission, concordante avec
le remplacement du *girondin* Chambon, par le
jacobin Pache, dans la mairie de Paris, étoit un
avantage signalé sur le parti de Rolland. Le chef
de légion, Emery (1), joignit son rustique langage, à ces cris d'alégresse. Au nom des *cinq
Brutus* revenant de Paris, du nombre desquels il
étoit, il écrivit aux mêmes députés, pour travestir
en crime d'état, cette démission dont il s'applaudissoit. Tous partageoient la double scélératesse
de la municipalité, qui, en se réjouissant d'avoir

---

(1) Le même, qui devint ensuite juré du tribunal révolutionnaire de Paris, dont on voit une lettre grossiere et
sanguinaire dans le *rapport de Courtois, sur les papiers de Robespierre. N°. XCVI.*

forcé Niviere à se démettre de la mairie, l'accusoit néanmoins d'avoir criminellement abandonné
le gouvernail, au moment de l'orage. Elle excitoit tout le peuple contre lui , par un placard
atroce, où on lisoit, en caracteres énormes : *Le
maire a lâchement déserté son poste;* et s'appuyant
de la loi qui déclaroit *traître à la patrie,* quiconque abandonnoit son emploi, au moment du
péril, elle dénonça Niviere, comme tel, à l'accu-
sateur public.

Mais tandis que, par-là, elle pensoit s'en
débarrasser à jamais, les assemblées primaires,
convoquées pour nommer à la mairie, y repor-
toient le même homme, avec une majorité
de près de neuf mille suffrages, sur onze mille
votans. Si cette nomination imprévue consterna
subitement les clubistes, elle causa dans toute
la ville, une ivresse égale à leur rage. L'enthousiasme public , qui ne voit jamais au-delà du
temps présent, regarda Niviere comme le sauveur
de la cité. La joie fut aussi extrême qu'elle étoit
universelle. On courut au spectacle, on en inter-
rompit la piece par des acclamations, on emmena
les musiciens de l'orchestre, pour aller donner une
sérénade au maire réélu; on força la municipalité,
confuse et rugissante, de marcher à la tête de ce

joyeux cortege, pour annoncer à Niviere sa nomination. Par un mouvement spontané, chacun
éclaira sa fenêtre; et ce fut en un instant, comme
par une inconcevable féerie, une illumination
générale, que le sentiment seul prescrivoit à tous
les citoyens.

Niviere eut la prudence d'échapper à ces témoignages honorables; et cependant la municipalité
n'en fut pas moins courroucée. Elle recommençoit
à appeller près d'elle, des forces extraordinaires,
elle s'entouroit de canons et de bayonnettes; et
durant toute cette fête, elle prenoit un air menaçant, dont Challier développoit le motif, dans la
tribune du club central.

En déclamant contre Niviere et les auteurs de
son triomphe, il faisoit déja protester contre son
élection (18 fév.). Des jeunes gens, informés de
cette audace, qu'ils ne pouvoient croire, vont s'en
assurer. Les propos de Challier les indignent, ils
veulent lui imposer silence : on leur résiste. Au
même instant, d'autres arrivent; mais le buste de
J. Jacques et la statue de la *Liberté*, qu'ils apper-
çoivent, en entrant, leur semblent profanés dans
un tel séjour; ils commencent par les enlever,
et les portent respectueusement sur la place des
Terreaux, aux pieds de l'arbre même de la *liberté*.

Sur ces entrefaites, la multitude répandue dans la ville, ayant appris, au milieu de sa joie, qu'un jeune homme venoit d'être mis en prison, par la municipalité, pour avoir crié dans les rues : *à bas Challier;* et croyant que d'autres étoient maltraités au club, s'y précipite comme un torrent, en proférant le même cri. La porte, qu'on ferme lorsqu'elle s'approche, est enfoncée. Les clubistes effrayés, s'élancent dans des galeries élevées : leurs femmes se réfugient dans les réduits obscurs de ce repaire. Gaillard est le seul qui tombe entre les mains de ce peuple indigné; mais il s'échappe au milieu des voix qui demandent sa mort; et la vindicte populaire se borne à briser les bancs qui porterent tant de forfaits; elle enleve les archives, qui en contenoient les registres, et va les déposer au département.

Gaillard, Challier, et quelques autres complices, s'étoient réfugiés à la municipalité, dont les préparatifs hostiles, en assurant leur retraite, imposoient aux bons citoyens, l'obligation de se mettre en garde contre de nouveaux attentats. Elle requéroit tout ce qui étoit capable de s'armer en sa faveur : les soldats gissans dans l'hôpital militaire, étoient même appellés pour la seconder; et c'étoit aux clubistes du quartier de la *Grand'-Côte*

Côte qu'elle remettoit le poste dès prisons de *Rouanne*, où elle continuoit d'enfermer de bons citoyens. Le danger paroît plus imminent que jamais : l'inquiétude s'empare des sections. Dans plusieurs on se rassemble : celles du *Port du Temple*, de *Place-Neuve* et de *Bellecour* ne s'amusent point à délibérer; déja elles s'étoient emparées de l'arsenal (19 fév.), lorsque la municipalité vint pour en enlever huit pieces d'artillerie, qui lui furent refusées. En vain elle fit des sommations et des menaces; on lui répondit avec fermeté, qu'on ne céderoit pas les canons à *des brigands* (1).

---

(1) Parmi ceux qui se firent noter dans cette affaire, et furent poursuivis à cause d'elle, se trouvoit un amateur de révolutions, parent de Lacombe St. - Michel, nommé Georges-Albert Doxat, natif d'Yverdun, au canton de Berne, d'où il s'étoit fait proscrire, en juillet 1789, pour avoir célébré à Lausanne, la fête de la liberté française, et y avoir arboré nos couleurs nationales. Réfugié en France, il s'étoit enrôlé, à Beauvais, en Picardie, dans le bataillon de l'Oise, dont il étoit devenu capitaine. Reparoissant dans le canton de Berne, en novembre 1792, avec son uniforme, il y avoit été mis en prison. S'évadant peu après, et voulant passer en Corse, avec le député Lacombe St.-Michel, il étoit venu le rejoindre à Lyon. Là, il apprend qu'à l'arsenal on s'insurge contre une au-

Les *girondistes* prenoient la plus grande part à ces résistances; ils avoient un directoire secret, qui fut surpris par la municipalité, ce jour-là même, chez Joliclerc, curé intrus de St.-Nizier. Elle relança, dans son presbytere, environ quarante *rollandins* qui lui échapperent; et elle y saisit un tambour avec sa caisse, des décrets, des papiers, des réquisitions toutes prêtes à notifier à la force armée (1).

---

torité publique; de lui-même, il vole, il résiste, comme les autres, il commande même la résistance, il s'en vante ensuite dans les cafés; et il est arrêté, mis dans les prisons, puis envoyé au tribunal de Mâcon, qui finit par l'acquitter.

(1) Pour parvenir à son but, cette faction s'étoit emparée de l'instruction publique. Des discoureurs *girondistes* de la société de *Pilata*, installés sous le titre de *professeurs*, dans ce *grand-college*, autrefois illustré par ses maîtres et ses éleves, enseignoient aux gens du bas peuple, à devenir des *hommes d'état* et des *philosophes*. Le médecin Gilibert, le prédicant Frossart y faisoient les plus ridicules cours *de politique et de morale* qu'il soit possible d'imaginer. Gilibert y professoit, fort à propos, que *la souveraineté du peuple n'existoit plus que dans ses représentans;* et Frossart le *moraliste*, donnoit des leçons d'amour conjugal. Nous ne dirons rien des autres professeurs qu'une imagination ardente, une ambition de philosophisme,

L'avantage de cette journée resta indécis entre les clubistes et les *girondins*. Les administrations du département et du district survinrent pour s'emparer de la police et rétablir l'ordre ; ils assurerent que le péril étoit passé ; et les citoyens dont les *girondins* n'aiguillonnoient plus la résistance, abandonnerent l'arsenal, et renoncerent à la permanence de leurs assemblées.

Ce n'est pas que ces deux administrations, composées d'un mêlange de *girondisme* et de *jacobinisme*, fussent assez diamétralement opposées au conseil municipal, pour mériter la confiance des citoyens ; mais elles n'avoient pas donné, comme lui, des preuves d'une extrême perversité : et il n'est arrivé que trop souvent de s'attacher à de frivoles apparences de vertu, quand on s'est vu submergé dans un déluge d'iniquités.

Le district étoit une administration trop insignifiante pour en craindre, ou en espérer quelque chose ; le département trembloit devant la municipalité, au point de chercher alors à réparer le refus qu'il avoit fait précédemment, de signer

---

où la plus famélique complaisance faisoient marcher sur la trace de ces deux principaux instituteurs des *sans-culottes*.

avec elle, l'infâme adresse des clubistes, à l'occasion de la mort du roi. Il envoyoit à la convention
un acte d'adhésion, qui n'annonçoit que son embarras, sa foiblesse et son immoralité (1).

Alors son intelligence administrative s'égare,
le courage du bien l'abandonne entiérement : il
mande au ministre que « les mouvemens de Lyon
» prennent un caractere de gravité alarmant »; il
appelle à son secours des commissaires de la convention : tout lui semble perdu, parce qu'on a
violé le club, qu'il appelle « un asyle infiniment

____

(1) Dans cette *adresse*, signée, Grandchamp, *président;*
Bonamour, Ferrand, Couturier, Belleville, Borde, San-
tallier, Sauzéas, Meynis, *procur. gén. synd.*; et Gonon,
secrét., en date du 14 février, on lit, entre autres choses.
« Législateurs, le tyran vient d'être frappé du glaive de
» la loi. Vous avez prouvé à l'univers que la justice est le
» premier culte, comme le premier lien des hommes
» libres.... Nous adhérons pleinement à cet arrêt mémo-
» rable dans lequel les principes ont resté purs devant des
» crimes et des préjugés de tant de siecles. Vous avez
» donné un exemple et une leçon qui manquoient à la
» raison des hommes, à l'histoire des français et à la
» liberté des peuples. En faisant sur la tombe de Le Pelle-
» tier, l'éloge de sa glorieuse mort, les corps constitués
» de notre ville ont satisfait au besoin de l'admirer et de
» promettre, dans l'occasion, de l'imiter ».

,, respectable, et le temple sacré de la liberté (1) ,,.
Un délire stupide s'est emparé de lui : le voilà
qui concourt avec la municipalité, à réintégrer
en leur caverne les brigands qu'elle protege. Il s'y
rend solemnellement avec elle, dès le lendemain
de sa dévastation. Les clubistes viennent entourer
cette administration, morte pour le bien : en même-
temps qu'ils carressent celle qui semble ne vivre
que pour les aider à faire le mal. Accompagnées
de ce cortege sinistre, elles se mettent en marche,
à la lueur de flambeaux lugubres, au chant de
l'hymne : *Qu'un sang impur abreuve nos sillons.*
Elles arrivent sur la place des *Terreaux*, où elles
enlevent les deux statues, et les emportent avec
pompe dans le sanctuaire de tous les forfaits.
O liberté ! que toi, Jean-Jacques, as si malheureu-
sement célébrée dans tes écrits, qui sont comme
elle, les principes des maux, bien plus que des
biens de ma patrie, n'êtes-vous pas là, l'un et
l'autre, au milieu de votre ouvrage ?

Pour ajouter à l'infâmie de cette fête, les administrations veulent que les frais qu'elle a occa-
sionnés, soient, ainsi que les réparations du club,

____

(1) *Procès-verbal de la séance* départementale, du 18
février, et *lettres* dudit jour, *au ministre de l'intérieur* et *à la
convention.*

supportés par les caisses publiques ; et dans l'enchantement de ce triomphe des clubistes, le chirurgien Grandchamp s'écrie, en une proclamation faite, au nom du département qu'il présidoit:
« La mort de la liberté seroit dans celle des *sans-*
» culottes, et la mort des *sans-culottes* seroit celle
» de la liberté : mais la liberté et la *sans-culot-*
» *terie* sont éternelles », Le département est des-
cendu à un degré de bassesse inconcevable. Devenu vil esclave de la municipalité, il obéit à
ses convocations et à ses caprices, quand elle
veut faire appuyer ses iniquités par l'assentiment
de l'autorité supérieure. Il se retire docilement
des assemblées municipales, quand Laussel lui
en donne le signal, en prononçant que la cité
est tranquille. Il ne voit plus que par les yeux
des municipaux conspirateurs, il ne parle plus
que leur langage. Ceux-ci lui disent d'exposer à
la convention, « qu'on a voulu brûler l'arbre de
» la liberté, qu'on a crié *vive le roi*, que les vio-
» lateurs du club ont attenté aux principes de la
» république » ; et le département envoie servilement toutes ces suppositions, quoiqu'il en con-
noisse bien la fausseté (1).

____

(1) *Lettre* envoyée *à la convention*, le 23 février, avec le
procès-verbal du 21.

Or, si une administration modérée montroit cette partialité pour les brigands du club central, que ne dût pas dire, en cette occasion, le fougueux Challier ? Le lendemain du saccagement de son repaire, il écrivit au comité de sûreté générale que « la situation de la ville étoit alarmante, » parce qu'on avoit demandé sa tête : n'est-ce pas » être, disoit-il, dans un état contre-révolution- » naire ? L'aristocratie, pour soutenir Niviere, a » levé son front audacieux, elle a forcé la muni- » cipalité de l'aller féliciter, avec le dessein de » massacrer ensuite le conseil-général de la com- » mune..... Accourez donc..... Instruisez nos » freres les Jacobins ; racontez-leur, avec des » paroles de fer, le crime épouvantable commis » par l'aristocratie lyonnoise qui s'accroît chaque » jour..... Donnez-nous des forces suffisantes et » des commissaires-sans-culottes, et nous vous » répondons du salut de la cité (1) ».

Peu de jours après, il écrivit à la convention, dans le même sens, et plus atrocement encore : « Frappez donc, concluoit-il, frappez de grands » coups ». Parmi les griefs qu'il énuméroit dans cette lettre, il affirmoit que les dévastateurs du

____

(1) *Lettres* diverses, en minute.

I 4

club avoient fait retentir les rues de ces acclamations : " Vive Niviere ! vive Louis XVII " !

Les députés Salliceti, Lacombe Saint-Michel,
Delcher, qui passoient à Lyon pour se rendre en
Corse, confirmerent, dans une lettre à Barrere,
les déclamations de Challiér. Ils ajouterent qu'on
ne " pouvoit, sans danger, en cette ville, se
" montrer patriote, dans les tables d'hôte et les
" cafés ; que les magasins contenoient plus de six
" cents commis, qui n'étoient que d'anciens offi-
" ciers, émigrés rentrés " (1). Forcés cependant
d'avouer que " le fait des cris royalistes pouvoit
" être controuvé ", ils le donnoient au moins
pour vraisemblable, d'après " l'indifférence avec
" laquelle l'esprit public avoit vu la violation
" du club ". Et comme les probabilités menaçantes tiennent lieu de preuves incontestables à
celui qui n'est pas bien affermi dans sa tyrannie,
le comité auquel Barrere communiqua le rapport
de ses confreres, supposa les faits certains. Ils lui
parurent démontrés, sur-tout d'après une lettre
pseudonyme que la convention avoit reçue de
Lyon, dans laquelle sa colere ombrageuse sembloit voir tous les Lyonnois applaudir, avec son

____

(1) *Lettre* datée du 20 février, en original, sous mes
yeux.

auteur, à l'assassinat de Le Pelletier, d'un ton menaçant pour ceux qui avoient voté, comme lui, dans la cause du roi (1). « Tremblez, écrivoit » cet inconnu, tremblez, les assassins de Charles » Stuart ont péri misérablement : le même sort » vous attend »; et l'on avoit l'air de croire que cette ville tenoit le glaive suspendu sur la majorité de la convention.

Ces choses servoient efficacement le désir, que les Jacobins avoient d'envelopper dans une proscription générale de tout ce qui n'étoit pas clubiste, les seuls ennemis qu'ils craignissent alors à Lyon : je veux dire les *girondistes* ou *rollandins*, car les royalistes n'y pouvoient causer aucune inquiétude par eux-mêmes. Mais cette ville devoit ressentir des premieres, l'horreur de ce massacre général qui menaçoit tout ce qui n'étoit pas jacobin en France. Nivière, qui en connoissoit le projet, croyoit y voir le plan d'une St. Barthelemi de représailles. « Rappellez-vous, disoit-il, » aux administrateurs du département, rappellez- » vous que la premiere ne souilla pas les murs

______

(1) *Lettre*, signée *Antoine*, et datée *de Lyon*, 26 janvier, reçue le 6 février, et renvoyée au comité de sûreté générale, N°. 463.

,, de Lyon : ou du moins, que celui qui y exer-
,, çoit la principale autorité, loin de vouloir ja-
,, mais concourir à ce carnage, sut en arrêter les
,, fureurs (1) ,,.

---

(1) *Lettre de Niviere aux adminis.*, du 7 février. — L'exemple qu'il leur proposoit, est celui de Mandelot, gouverneur
de Lyon, qui parvint à restreindre à un petit nombre de
meurtres, qu'encore il ne put empêcher, l'exécution des
ordres de la St. Barthelemi, en cette ville qui avoit à se
plaindre, plus que toute autre, des fureurs du calvinisme.
On peut voir le détail de ces fureurs, à l'article sur - tout
du *Baron des Adrets*, dans toutes les grandes histoires, et
particuliérement dans le livre : *Lyon tel qu'il étoit, et tel
qu'il est.* 1787. A Lyon, chez *Daval* : et à Paris, chez
Desenne.

LIVRE V.

*Triomphe du girondisme. Gilibert porté à la mairie,
et jetté dans les fers. Bertrand est élu maire. Animosité des Cordeliers et des Jacobins contre Lyon.
Rapport à la convention, par le comité de sûreté
générale. Tallien, Collot-d'Herbois et Dubois-
Crancé s'annoncent pour ennemis de cette ville.
Coïncidence de ses nouveaux mouvemens avec ceux
de Paris, en faveur de d'Orléans. Trois commissaires de la convention, dont deux Cordeliers, envoyés à Lyon. Legendre et son licteur. Challier et
les clubistes, favorisés par ces commissaires. Pétition de 800 citoyens. Legendre donne à Challier
le nom des signataires, pour servir de liste de
proscription. Conduite inattendue de deux bataillons marseillois. Les commissaires les renvoient.
Erection d'une jacobinière en titre. Elle débute
par un projet de massacre. Visites domiciliaires.
Mandats d'arrêt. Les commissaires sévissent contre
la municipalité. Ils sont dénoncés aux Jacobins,
comme fauteurs de l'orléanisme. Ils partent, en
créant un comité de salut public. Leur justification
aux Jacobins. Opinion qu'on doit avoir de chacun
d'eux en particulier.*

LES Jacobins, en ces circonstances, s'agitoient
avec une fureur d'autant plus grande qu'ils étoient

contrariés par une partie du conseil exécutif, vendue au *modérantisme* des *girondins*. Lebrun, ministre des affaires étrangeres; Claviere, ministre des finances; Beurnonville, ministre de la guerre, et même l'*orléaniste* Garat, ministre de l'intérieur par *interim*, ne voyoient point de mauvais œil, la dispersion des clubistes et l'opiniâtre réélection de Niviere (1). Ce projet de dissoudre la société des Jacobins, que Rolland ne s'étoit pas senti la force d'exécuter, même avec le secours de Dumourier, lorsque, quelque temps auparavant, celui-ci intriguoit à Paris pour d'Orléans; ce projet, dis-je, fermentoit toujours dans quelques têtes *girondistes*. Il ne leur restoit, au reste, que ce moyen de salut; et Barbaroux, présumant de son crédit, vouloit, pour cette guerre à mort, faire venir de nouveaux Marseillois, afin de les opposer aux anciens, que les *Cordeliers* avoient débauchés. Mais cette faction étoit devancée de vîtesse par les *Jacobins*. A Paris, ils avoient déja, comme je l'ai dit, remplacé dans le poste de maire, le *modéré* Chambon par le *jacobin* Pache. Ce n'étoit qu'à Lyon que leurs succès étoient en-

---

(1) *Lettres* manusc. de ces ministres à *l'administration du département*.

core balancés; ils ne pouvoient réussir à éloigner de la mairie, le tenace *girondisme*. Niviere découragé avoit en vain été forcé de donner une seconde démission; les suffrages se dirigeoient sur le médecin Gilibert, *modéré* de la même espece.

Rien cependant n'étoit omis par les municipaux, pour écarter quiconque ne seroit pas clubiste. Ils avoient fait croire à la populace, en diminuant la taxe du pain, à l'époque de cette démission, qu'un maire qui ne seroit pas *sans-culotte*, ne lui donneroit que la famine. Ils avoient invité tous les dénonciateurs de profession, à mettre le nom des anti-clubistes de leur connoissance, sur un registre ouvert pour inscrire les dévastateurs du club. Ils avoient même fait venir des troupes afin d'écarter, par un grand déploiement de terreur, tous les votans qui seroient contraires à leurs vœux.

Ces moyens si puissans ne réussissant point à détourner les suffrages de la personne de Gilibert, Laussel appelle sur-le-champ deux dénonciateurs à gages; et sur la déposition qu'il leur dicte, portant que celui-ci qui a contribué aux derniers troubles, il le fait emprisonner avant la consommation des scrutins; espérant par-là jetter les assemblées primaires dans un embarras qui les forceroit d'élire le maire proposé par les clubistes. Laussel se trompa ; Gilibert n'en fut pas moins élu ; mais il resta dans les fers, où l'on rendit sa détention plus rigoureuse, jusqu'à ce qu'il eût formellement renoncé à la mairie ; et son abdication ne put encore le rendre à la liberté (1).

––––––––––

(1) Tel étoit alors l'état de réprobation des *rollandins* et *girondistes*, que les *sans-culottes* oublierent tous les actes de popularité, toutes les flagorneries que Gilibert leur avoit prodiguées dans le club de *Pilata*, et tout récemment encore (le 3 fév.) dans son éloge de Le Pelletier, où il avoit dit : « Qu'étoient nos ci-devant échevins ? Leur
» chaire cutule étoit d'or massif ; et ils y dormoient. ––
» J'invite les ouvriers que l'orgueil de l'aristocratie avoit
» jetté dans la poussiere de l'obscurité et la léthargie de
» l'ignorance, à fréquenter nos sociétés populaires, à sui-
» vre assidument notre cours de *politique* et de *morale*; et je
» réponds de leur rapide progrès dans la science du gou-
» vernement. –– Le peuple est bon, invariablement juste.
» Ses erreurs sont des éclairs, des bulles de savons. Il est
» perfectible, et rien ne l'empêche d'aspirer aux grandes
» places ».

Gilibert, arrêté le 26 février, resta dans les prisons de Lyon, jusqu'au 3 avril, qu'il fut transféré dans celles de Mâcon. Les dénonciations, que Laussel avoit dictées, furent rétractées par les dénonciateurs eux-mêmes, qui révélerent, le 20 mars, pardevant un juge de paix, la conduite de Laussel à leur égard.

Il fallut convoquer de nouvelles assemblées ; mais on redoubla de vexations pour ne plus échouer. Quantité de bons citoyens furent désarmés et privés du droit d'élire ; beaucoup d'autres furent mis en fuite par les dénonciations suggérées contre eux. Quiconque avoit paru aux assemblées permanentes, ou à l'arsenal, étoit formellement proscrit. On incarcéroit quiconque étoit accusé d'avoir pris part, et même d'avoir applaudi à la dévastation du club. Les vastes caves de l'hôtel-de-ville furent de nouveau comblées de citoyens ; les clubistes restant par-là maîtres de la nomination, parvinrent enfin à porter à la mairie, avec une très-grande majorité de suffrages, ce Bertrand, l'ami de Challier, associé, comme lui, d'un commerce mal famé, monstre autant inepte qu'immoral, jacobin atroce, qui se vanta, quelque temps après, d'avoir fait guillotiner d'anciens amis, et même son neveu ; factieux infatigable, que l'énergumene Babœuf associa depuis à ses complots sanguinaires, et dont la conspiration de *Grenelle* a forcé la trop lente justice à punir les forfaits (1).

_____

(1) Voyez le *rapport de Courtois sur les papiers de Robespierre*, n°. 95 ; et les *journaux* de l'année 1796, an IV de la rép. franç. 24 fruct.

L'administration du département, dont les va-
cillations étoient dégénérées en inertie favorable
au désordre, en fut cependant un peu réveillée
par une lettre du ministre Garat, qui se plaignit
de son sommeil : et sur-tout, par un amour du
bien que, Meynis, son procureur-général-syndic,
n'avoit pas tout-à-fait laissé décourager en son
ame. La municipalité, interpellée par lui de
rendre compte des innombrables arrestations
qu'elle faisoit, devenoit trop puissante pour ne
pas se moquer de l'interpellation. Elle allégua,
en sa faveur, un décret du *lendemain du 10 août*,
contre « les délits qui intéressent la sûreté géné-
» rale de l'état »; mais elle ne voulut jamais, suivant la teneur de cette loi, communiquer aux autorités supérieures, les procès-verbaux de cette arbitraire persécution. Usurpatrice impudente de
tous les pouvoirs : en refusant même les renseigne-
mens demandés par les administrations du district
et du département, elle se joua de leur hiérar-
chique supériorité par des affiches en leur nom,
comme au sien, où elle les disoit complices de
ses audacieuses persécutions ; et c'étoit l'apostat
Laussel qui dirigeoit toutes ces manœuvres.

Les Jacobins de Paris, et le comité de *sûreté générale*, qui ne pouvoient connoître encore ces derniers

(145)

niers succès des *sans - culottes*, s'irritoient de
leurs revers précédens, dans la ville de Lyon que
les *modérés* et les *girondins* venoient de leur disputer
avec avantage. Collot-d'Herbois, qui travaillera
si atrocement à sa ruine, en montroit déja le
féroce desir dans la tribune des Jacobins. Il exigeoit que Tallien, imbu du fiel et des calomnies
dont Chalier et Laussel avoient inondé le comité
de *sûreté générale*, duquel il étoit membre, ap-
puyât sa virulente diatribe. Tallien le servit à
souhait : il récita leurs perfides mensonges, et
promit de faire le lendemain, un rapport à la convention, pour qu'elle envoyât à Lyon des commissaires *jacobins*, munis de grands pouvoirs.
« Eh bien ! reprit Collot satisfait, nous nous réu-
» nirons à *la montagne*, pour forcer cette mesure
» et faire approuver la municipalité, à qui nous
» avons conseillé nous-mêmes les visites domici-
» liaires : si elle étoit coupable, je serois son
» complice (1) ».

Dubois-Crancé, qui assiégera bientôt Lyon, présidoit la convention : sur quoi il est à remarquer
que ces deux ennemis si terribles à notre ville,
avoient paru dès-lors au premier rang, dans ce qui
se tramoit de funeste contre elle. A cette époque,

_____

(1) Séance des Jacobins, 24 fév.

Tome I. Hist. de Lyon.   K

où les *Cordeliers*, sous la direction de Danton et de Marat, faisoient, à l'aide des Jacobins, les derniers efforts, à Paris, en faveur de d'Orléans; où ils remettoient en usage le puissant ressort de la rareté des subsistances; où Marat prêchoit le pillage, le meurtre, et demandoit un dictateur; où les magasins d'épiceries étoient dévastés; où la convention recevoit des pétitionnaires qui venoient justifier le brigandage des pillards: le *cordelier* Tallien vint y prononcer avec emphase de sottes calomnies contre Lyon (1). Servile écho de Challier et de Laussel, il répéta toutes leurs dénonciations, et conclut par dire que cette ville étoit en pleine contre-révolution, sous la direction du négociant Niviere. L'absurdité de ces assertions en ayant fait soupçonner la fausseté, quelques membres demanderent l'impression des procès-verbaux; mais Albitte, Duhem et Legendre écarterent avec force cette demande : ainsi la *montagne*, suivant sa promesse, ne manqua pas d'appuyer le rapporteur. Néanmoins il ne put obtenir qu'on approuveroit formellement la municipalité conspiratrice; on se contenta de décréter que deux bataillons de Marseillois seroient envoyés pour réduire « les contre-

____

(1) Séance de la conv. 25 fév.

» révolutionnaires de Lyon ; que trois commissaires iroient les diriger, et qu'ils seroient revêtus
de pouvoirs assez amples pour requérir, à leur
gré, toute l'armée des Alpes, dont Kellermann
étoit le chef. Ainsi dès-lors se manifesta bien ouvertement l'intention de mettre les troupes de ce
général en possession de la cité.

En ce temps-là, les Cordeliers faisoient les derniers efforts pour que d'Orléans fût proclamé dictateur, ou lieutenant - général de la république ;
et ils se croyoient près du triomphe, lorsque
Robespierre, qui avoit l'air de les seconder, ré-
solut de faire tourner à son profit, la grande influence qu'il avoit acquise sur la populace, en ser-
vant leur parti. Il lutta contre eux, à force de
ruses, pendant plusieurs jours ; et ce fut le 10
mars, comme on sait, qu'il déjoua les dernieres
espérances que d'Orléans avoit d'atteindre au pouvoir suprême.

Cependant, afin de pousser Lyon à concourir au
triomphe de celui-ci, Tallien y avoit fait envoyer
pour commissaires deux ardens *cordeliers*, Basire
et Legendre, auxquels on avoit adjoint Rovere.
Ils étoient partis, munis de toutes les pieces que
le comité de *sûreté générale* avoit pu leur fournir
en faveur des clubistes et de la municipalité qu'il

(148)

importoit de s'attacher par une protection aveugle
envers et contre tous. Delà sans doute, jusqu'a-
près le 10 mars, leur opiniâtre constance à persécuter quiconque avoit pu la contrarier, quiconque osoit s'en plaindre.

De ces trois commissaires, dont l'approche
n'inspiroit aucune confiance aux bons Lyonnois,
il en étoit un dont le nom seul les faisoit déja
frissonner d'horreur; c'étoit ce boucher Legendre
qui ne devoit son entrée à la convention qu'à
l'impulsion donnée par la *septembrisation* pari-
sienne; ce Legendre qui s'étoit distingué dans
toutes les émeutes où d'Orléans avoit voulu faire
égorger Louis XVI par la populace; ce Legendre
qui avoit osé demander à dépécer son corps vivant en 84 morceaux, pour le distribuer aux 84
départemens, et qui eût voulu présenter à la convention le cœur palpitant de ce monarque, avec
les mains sanglantes qui le lui auroient arraché;
ce Legendre enfin, à *l'énergie* de qui Tallien avoit
une entiere confiance (1).

Pour augmenter, ce semble, l'effroi que sa réputation inspiroit d'avance, il avoit voulu emmener un spadassin à larges moustaches que le
parti lui avoit donné pour licteur.

____

(1) Séance des Jacobins, 24 fév.

Ce licteur se montra avant les commissaires dans Lyon, comme pour les y faire précéder par la terreur. Vêtu d'un costume grotesque, chargé d'un long sabre, armé de plusieurs pistolets, il ajoutoit à l'hideux de ses moustaches, la fureur de ses regards; et sa bouche haletoit le sang humain : car il se vantoit hautement d'avoir déchiré madame de Lamballe, et il se promettoit de *réduire* bientôt les Lyonnois. D'affreux souvenirs viennent alors multiplier les alarmes : on se rappelle cet homme à grande barbe, qui, dégoûtant de sang, une hache ensanglantée sur l'épaule, précédoit les assassins de Versailles, revenant à Paris, le 6 octobre 1789, escorté des têtes qu'il avoit coupées; et l'on croit voir le même antropophage dans le licteur aux larges moustaches. Il court les rues pour menacer les citoyens; il entre dans les cafés pour y engager des querelles; il ne manque pas d'aller au spectacle pour braver le public avec plus d'insolence. Il s'établit pour cela dans la loge de la municipalité, d'où il fond sur les spectateurs, le pistolet en main, quand il entend qu'on murmure de son audace.

La conduite des commissaires sembla répondre à celle de ce farouche précurseur. Dès le lendemain de leur arrivée (3 mars), ils donnerent à l'exécrable Chalier, le privilége d'entrer chez eux toutes les fois qu'il le voudroit, tant la nuit que le jour. On se révolta des prérogatives de ce monstre, sans se douter qu'il ne les avoit obtenues que parce qu'il pouvoit être plus utile qu'aucun autre, aux vues de Legendre et de Bazire, non par son titre de président de tribunal civil, mais par son fanatisme révolutionnaire, et son influence sur la populace. Lorsqu'on le vit spécialement favorisé de cette permission indéfinie, l'on pensa que les commissaires étoient venus, non pour ramener l'ordre, mais pour seconder cet homme atroce, qui ne vouloit apporter d'autre remede aux troubles dont il étoit l'auteur, que l'égorgement de ses concitoyens.

Ces alarmans soupçons s'affermirent lorsque, plusieurs citoyens s'étant présentés pour exposer aux commissaires, l'excès des craintes publiques, et pour solliciter la vengeance des loix contre les scélérats qui tyrannisoient la ville, Bazire leur répondit froidement, « que « ceux qui disoient de couper » des têtes, n'étoient pas ceux qui les coupoient; » qu'au reste les loix étoient inutiles en ce mo- » ment, parce qu'il falloit que la machine tour- » nât, et que les *sans-culottes* eussent le-dessus ». Il entroit, comme je l'ai dit, dans le plan des

commissaires, de repousser tous ceux qui ose-
roient se plaindre de la municipalité et dévoiler
ses forfaits. Sera-t-on surpris après cela, s'ils s'irritent de savoir que huit cents citoyens sont réunis pour donner, par un moyen légal et respectable, plus de poids et d'intérêt à leurs plaintes?

Cette réunion s'étoit formée le 9 mars, dans le
jardin des religieux *Augustins*, sous l'autorisation
d'une loi qui portoit (1) que « les citoyens avoient
» le droit de se réunir paisiblement et sans armes,
» en assemblées particulières, pour rédiger des
» adresses et des pétitions, sous la condition de
» donner avis aux officiers municipaux du temps
» et du lieu ». Toutes ces formalités avoient été
remplies ; et cependant, par l'instigation des commissaires, deux municipaux vinrent, avec la force
armée, pour disperser les citoyens légalement rassemblés.

Cette violence souleva les esprits : on crut voir
une connivence complette entre ces commissaires
et la municipalité : l'indignation exaspérée fit entendre des imprécations contre eux. Cependant
on acheva de rédiger une pétition, qui n'en fut
pas moins sage, et dans laquelle on demandoit

______

(1) Sur les *municipalités*, art. 62.

qu'ils convoquassent les sections, pour connoître par elles, d'une maniere plus imposante, ce qu'ils refusoient de savoir, par des rapports particuliers, sur la plus perverse des municipalités. La pétition ne pouvoit qu'être mal accueillie : les commissaires, dissimulant leur partialité sous des chicanes, demanderent à ceux qui la présentoient, de combien de signatures elle étoit revêtue; « de » huit cents », répondit-on : « La loi, dirent-ils, » n'en veut que cent cinquante »; et comme on leur repliquoit que c'étoit pour le moindre nombre, sans qu'elle en désapprouvât un plus grand, Legendre, que la dialectique rendoit hydrophobe, s'emporta tout-à-coup : « Taisez-vous, leur cria- » t-il, vous êtes des factieux; la force armée est » là; je marcherai à sa tête contre vous ». Par son ordre, l'un d'eux, appellé Boissonnat, qui dans l'assemblée, avoit déployé beaucoup de véhémence contre les commissaires, fut arrêté et envoyé au tribunal de Mâcon, à qui le procès des dévastateurs du club étoit dévolu (1).

____

(1) Boissonnat fut transféré de Mâcon à Paris, dès que le tribunal révolutionnaire y fut établi; il a été fort heureusement oublié dans les prisons de l'Abbaye, jusqu'au 9 *thermidor* qui lui a rendu sa liberté, après dix-huit mois d'une effroyable détention.

La pétition étant inutile, Rovere qui ne vouloit pas sans doute qu'elle devînt funeste aux signataires, la rendoit à ceux qui l'avoient présentée, lorsque le furieux Legendre l'arracha, en leur disant : « Je garde vos signatures ; vous répondrez sur vos têtes des troubles qui arriveront (1) » ; et aussi-tôt il en donna copie à Challier qui, ravi d'avoir des victimes marquées par la main même du boucher Legendre, courut au club central, en s'écriant, dans l'ivresse d'une joie barbare : « Nous les tenons ; j'ai tous leurs » noms : au premier mouvement, il faut qu'ils » soient tous égorgés ». Son ardeur à les dévouer nominativement au prochain massacre, alla jusqu'à faire afficher une liste imprimée de leurs noms, sous ce titre homicide : « Avis aux sans-culottes : » copie sincere et véridique de la pétition contre- » révolutionnaire… ensemble les signatures ».

Persécuter quiconque déplaisoit aux clubistes, étoit le second acte de l'artificieuse protection, par laquelle les commissaires espéroient de les gagner. C'est pourquoi, non-seulement ils laisserent dans les prisons Gilibert, et tous ceux que la municipalité avoit fait incarcérer ; mais encore ils don-

____

(1) Séance des Jacobins, 10 juin 1793.

nerent à ceux-ci de nouveaux compagnons d'infortune ; ils reçurent même , avec assez de bé-
nignité , une pétition de la section qu'habitoit
Challier , qui demandoit de faire expédier tous
ces détenus par une commission particuliere , sur
le dire de jurés qu'on obligeroit de prononcer
à haute voix.

C'étoit le jugement des prisons de Paris, en
septembre , que vouloit cette pétition , dictée et
signée par ce même Challier qui communiquoit
à toute heure et si confidentiellement avec Legendre et Bazire. Les clubistes avoient espéré un
instant, de pouvoir accomplir le vœu d'une nombreuse *septembrisation* , lorsqu'ils avoient vu arriver les deux bataillons de fédérés d'Aix et de Marseille qui leur étoient envoyés. Avec quelle hâte
ils désignerent à leur glaive , par un affreux placard, tous « les gens aisés, comme étant d'inhu-
» mains égoïstes qui fermoient leurs portes aux
» soldats de la patrie et les laissoient périr de dé-
» faillance sur le pavé ». Mais excepté ceux que
les *Cordeliers* de Paris retenoient casernés dans
le local de leurs séances, et qu'on vit, le 10 mars,
appuyer, par des menaces, leurs demandes à la
convention, en se désignant pour *les compagnies
de la Glaciere*, les autres bataillons marseillois

avoient suivi, dans leur *modérantisme*, Barbaroux et Rolland qui les dirigeoient encore ; c'étoient de ceux-là que le ministre Beurnonville avoit adressés, non à la municipalité, mais à l'administration même du département, réputée *modérée*, pour qu'elle pût opposer un contre-poids suffisant aux efforts des anarchistes. C'est pourquoi ces deux bataillons ne parurent animés que contre eux. Ils inviterent même les Lyonnois à renverser leur tyrannie. Ils arracherent les affiches des commissaires, en chantant les louanges de Barbaroux et de Rolland ; ils allerent interrompre le spectacle par des chansons imprécatoires contre Marat : ils ne vouloient couper d'autres têtes que celles de Challier et de ses complices.

Ces Marseillois étoient trop opposés aux vues des commissaires et trop contraires aux intentions des clubistes, pour n'être pas renvoyés promptement. Du réduit où la peur l'avoit confiné, Challier, tremblant, écrivoit à ses amis Bazire et Legendre : « Purgez la ville de ces brigands ; plus » de délais, au nom de la patrie en péril ! com» ment osent-ils se dire ses soldats, ceux qui » veulent être mes assassins »? Et comme, après leur départ, il en apperçut quelques-uns qui restoient encore en arriere, il écrivit derechef, en ren-

trant effrayé dans son asyle : « Je suis toujours sous
» le couteau ; voulez-vous, pouvez-vous sauver
» la chose publique ? faites-le voir, ou je me re-
» tire de cette ville..... O mon cher Legendre !
» qu'avez-vous fait ? Pas une seule vaste mesure
» n'a été prise.... Tremblons tous : vous et
» nous.... (1) ».

A la même heure, Legendre recevoit une autre
lettre encore plus propre à le porter à ces mesures
violentes que Challier demandoit. Tout indiquoit
un des Marseillois renvoyés, dans celui qui l'a-
voit écrite. Il lui disoit : « Près d'aller verser mon
» sang pour la liberté, je ne dois pas laisser der-
» riere moi des traîtres. Pour signe de la tran-
» quillité dans ma patrie, je porterai en ban-
» douliere leurs boyaux, et je garderai leurs
» crânes pour boire à la santé des vrais républi-
» cains ». Ces citations font frémir : combien
elles seroient repoussées, si elles n'étoient essen-
tielles à l'horrible histoire que j'ai le malheur
d'écrire, et que le lecteur a le courageux desir de
connoître !

Les résultats du 10 mars à Paris, déconcerterent
un peu le triumvirat dans sa marche. D'Orléans

---

(1) *Lettres* manusc. autographes.

étoit à jamais éconduit ; Robespierre, jouant Danton, s'emparoit pour lui-même de toute la force du *jacobinisme* : ce que les commissaires avoient fait, tournoit au profit d'un parti rival : ce qu'ils faisoient, n'étoit plus dans l'intention de ce qu'ils vouloient faire. Les conjurés du club et de la municipalité, qui n'avoient conspiré réellement jusques-là que par l'amour du brigandage, se trouvoient au contraire dans l'esprit et le sens des Jacobins. Robespierre et Marat, qui paroissoient n'avoir d'autre but que de les repaître du sang et de la fortune de leurs concitoyens, les virent tous disposés à se ranger sous les drapeaux du *jacobinisme*. Pour l'établir solidement en cette ville, deux de ses apôtres, Achard et Gaillard, forcèrent, dès le 17 mars, les trois commissaires à fonder de suite une jacobinière en règle, ils les obligèrent d'y installer cinquante clubistes des plus ardens, pour qu'elle fût digne de la société-mère, qui se les affilioit. Ainsi l'affreux club central, d'où l'on déblaya tous les demi-scélérats qui neutralisoient quelquefois auparavant la scélératesse des plus grands monstres, fut érigée en société de vrais Jacobins.

Ils ne furent pas plutôt installés, qu'ils reçurent des instructions sur ce qu'ils devoient faire pour

agir de concert avec ceux de Paris. L'un des émissaires qu'ils y entretenoient, leur écrivoit qu'on
venoit d'y incarcérer plus de six mille *suspects*,
et qu'il falloit imiter cet exemple, et se mettre
en permanence jusqu'à ce que les Jacobins eussent
exterminé « tous les ennemis de l'intérieur ».
Une telle permanence ne devoit être qu'une infatigable extermination de tout ce qui n'étoit pas
jacobin ; car le correspondant, en développoit
ainsi le système : « Ce qu'on doit faire, vous le
» lirez dans Marat.... Ne redoutez aucune loi,
» en suivant ce qu'il vous prescrira ; car le décret
» contre les insurrections, n'aura pas son effet.
» Il faut que la municipalité vous donne l'ordre
» secret de vous insurger ; alors vous désarmerez
» tous les gens suspects, et vous en arrêterez pen-
» dant vingt-quatre heures.... Ensuite vous for-
» merez dans chaque section, un comité révolu-
» tionnaire, pour juger les coupables et faire servir
» votre guillotine qui se rouille faute d'agir (1) ».

La société jacobine de Lyon, jalouse de se
montrer digne de son affiliation, s'occupa sans

____

(1) Fragment d'une lettre, datée du 17 mars, envoyée
de Paris à Challier, et trouvée dans ses papiers. *H. et P.*
N°. LXI.

délai du choix des membres qui devoient composer ce tribunal révolutionnaire, dont l'institution entroit dans le plan de la nouvelle conjuration. Les juges et les jurés furent choisis, dans
les différens clubs de la ville, qui n'en continue-
rent pas moins d'exister sous la protection de la
jacobiniere en titre.

La municipalité ne perdoit pas de temps pour
concourir de tous ses moyens à l'exécution de
l'atroce complot. Elle se faisoit demander par
cent cinquante clubistes de *la Grand'Côte* (1),
une visite domiciliaire : cette pétition mendiée,
lui sembla nécessaire pour rendre légal l'ordre
qu'elle alloit en donner ; et les commissaires dès-
lors ne pouvoient y refuser leur assentiment. Une
circulaire fut aussi-tôt expédiée par elle, aux
Jacobins des sections, pour faire désarmer tous
« les gens soupçonnés d'incivisme, et même les
» citoyens domiciliés, s'ils étoient dans le cas
» d'être suspects (2) ». On sent ce que ces expressions ajoutoient aux premiers termes de la proscription. Quel homme d'une probité reconnue,

____

(1) Du 27 mars.
(2) Circulaire de la municipalité aux sections.

ou d'un état honnête , n'étoit point *dans le cas d'être suspect* à des brigands ?

Les commissaires avoient déja , par déférence pour les Jacobins, fait emprisonner le jeune Fain, rédacteur du Journal de Lyon , que ceux-ci leur avoient dénoncé comme un calomniateur des *sans - culottes*. Il passoit, avec raison, pour un des stipendiés du parti *rollandin;* et Louvet, dans son *Bulletin des Amis de la Vérité*, répétoit ses anecdotes et défendoit les mêmes principes. Fain ne pouvoit échapper à la proscription qui poursuivoit les *girondistes* (1).

---

(1) Il existe une lettre de Lebrun, ministre des affaires étrangères, adressée , le 29 mars 1793 , aux administrateurs du département, en réponse à la leur, au sujet du Journal de Lyon , sous le nom de Carrier, où il « prie » de regarder comme suspendues, jusqu'à nouvel ordre, les » offres faites de la part du conseil exécutif provisoire », qui venoit d'être un peu dérangé dans ses plans. D'autres pièces antérieures prouvent que Meynis , le procureur-général-syndic , étoit le canal par qui les secours parvenoient à l'imprimeur du Journal. La dénonciation faite contre son rédacteur, en date du 26 mars, est signée par les *sans - culottes* de la section *Rue-Neuve*, en tête desquels on voit encore Challier.

La

La complaisance avec laquelle les commissaires donnoient des mandats d'arrêt, à la demande des Jacobins, en produisit un d'une espece bien favorable à l'avidité des proscripteurs : car il frappoit indistinctement tous ceux qu'il conviendroit au porteur de désigner. Il fut remis, suivant le désir de la municipalité, à un nommé Perrussel, qui, pour lui plaire, avoit déclaré que chaque jour, le café de Gerbert, son beau-frere, très-fréquenté dans tous les temps, étoit devenu le rendez-vous de beaucoup de contre-révolutionnaires, que leur accent annonçoit être de Marseille. Perrussel, muni du mandat d'arrêt indéfini, et accompagné de la force armée, entra dans le café, y fit arrêter quatre-vingt-treize personnes, qui furent conduites à l'hôtel-de-ville, où les commissaires se rendirent aussi-tôt pour trouver dans leurs réponses, la preuve d'une grande conspiration qui pût justifier ce mandat indéterminé (1).

---

(1) Voici le texte littéral de ce mandat d'arrêt, qui a été dénaturé par un historien du temps, ainsi que le fait auquel il est lié. — *Lyon, ce* 8 *avril* 1793, *l'an* 2 *de la rép. Tous officiers civils et militaires demeurent requis de faire saisir, arrêter et conduire à la maison commune, pour y être détenus sous bonne et sûre garde, et au secret, tous ceux qui seront in-*

Bazire présida. Il interrogea successivement tous les accusés qui, tous, lui répondirent qu'ils étoient allé « boire de la bierre ». Ce burlesque interrogatoire, qui dura jusqu'à quatre heures du matin, se termina par le renvoi de tous les détenus; et la conspiration s'évanouit.

Mais si les commissaires poursuivoient ainsi le royalistes et les *girondins*, ils ne ménageoient plus les municipaux; le terme de l'indulgence pour eux étoit arrivé. La cupidité municipale, qui, depuis long-temps commerçoit sur les arrestations et les certificats de résidence, ne parut plus tolérable. L'occasion d'un nommé Sablon du Corail, à qui elle avoit vendu une preuve de son émigration, et que néanmoins elle venoit d'emprisonner comme émigré, pour tirer encore de lui vingt mille livres en paiement de sa rançon, donna lieu à l'emprisonnement de trois municipaux qui s'étoient partagé cette somme.

Les commissaires sévirent aussi contre Laussel

---

diqués par le porteur du présent, et de la maniere qu'il pro-posera. — Les commissaires de la convén. nat. pour le rétablissement de l'ordre dans le département de Rhône et Loire. Signé, etc. Ce mandat d'arrêt fut retiré par les commissaires, après l'expédition.

qui, à des prévarications du même genre, joignoit le tort de soulever contre eux la municipalité, au sujet de son substitut, Bertholon. Ils le ti-roient des prisons, où elle l'avoit jetté pour avoir, comme le disoit Laussel, « plus con-» sulté la loi et l'humanité que son indigna-» tion » envers les dévastateurs du club ; mais dans le vrai, pour avoir, en les rendant à la liberté, frustré Laussel du prix qu'il vouloit y mettre (1). Les commissaires s'excitèrent en-core à la vengeance par la découverte de ses me-nées dans l'incarcération de Gilibert ; et Laussel fut traduit à Paris, dans les prisons du tribunal révolutionnaire, comme le plus insigne des pré-varicateurs.

Cette étrange direction que les commissaires donnoient à leur sévérité, coïncidoit avec la ré-solution que Dumourier venoit de prendre, à l'issue d'une conférence avec Danton, à Louvain, de retourner ses armes contre le *jacobinisme*. Les

-----

(1) Bertholon, dans cette affaire, fut protégé par le juge Dodieu, directeur du jury, et absous par Legendre et Bazire. La municipalité se souleva à ce sujet ; elle déclara, en con-seil général de la commune, que Bertholon avoit perdu sa confiance.

dantonistes, Bazire et Legendre, ne devoient pas négliger de comprimer des clubistes qui, ne suivant point leurs vues, s'arrêtoient au brigandage de l'anarchie jacobite. Aussi ce furent ces deux députés que Challier accusa nominativement d'être les « fauteurs de complots révolution- ›› naires ››, et qu'il fit dénoncer comme tels à la société de Paris (1).

Suffoqué de l'indignation qu'il ressentoit contre eux, il écrivoit au *jacobin* Renaudin, son *ami de cœur* auprès d'elle : « Je ne sais où j'en suis, ›› à l'aspect de leurs perfidies. Ce qu'ils ont paru ›› faire pour les chauds patriotes, n'a servi qu'à ›› couvrir leurs trahisons. La ville de Lyon est li- ›› vrée aux ennemis du peuple. Qu'une centaine de ›› jacobins au moins, viennent à son secours ; ›› sauvez, sauvez-la : elle est perdue (2) ››.

Une rumeur publique, qui s'appuyoit sur les liaisons que ces deux commissaires passoient pour avoir avec le banquier Finguerlin, protestant, et quelques autres, soi-disant aristocrates, de cette trempe, accusoit formellement ces députés d'être

---

(1) Séance des Jacobins, du 15 avril.

(2) *Lettre de Challier à Renaudin*, luthier, rue Saint-Honoré : du 7 avril.

des agens du parti orléaniste à Lyon : d'avoir même retiré secrettement chez eux le prince d'Orléans et son fils, dans le dessein de le proclamer incessamment dictateur, ou lieutenant-général de la France (1).

Ces préventions semblerent être justifiées par le peu d'enthousiasme qu'ils montrerent, quand ils reçurent l'épouvantable circulaire par laquelle la société de Paris annonçoit à tous les freres, que Dumourier marchoit contre cette ville, avec son armée. On jugeoit que ce n'étoit pas assez pour eux, d'avoir fait affiché cette adresse où l'énergumene Marat crioit à tous les affiliés : «Amis,
„ nous sommes trahis !.... Aux armes ! aux ar-
„ mes !... Levons-nous... Mettons en état d'ar-
„ restation tous les ennemis de notre révolution,
„ et toutes les personnes suspectes.... Extermi-
„ nons sans pitié tous les conspirateurs ; et pour
„ rendre à la convention sa force et son énergie,
„ que les députés patriotes qui sont en mission ,
„ reviennent le plus promptement possible....
„ Volez à Paris : point de délai, ou la liberté
„ est perdue (2) „.

---

(1) *Lettre manusc.* d'Hidins aux commissaires.
(2) *Circulaire du 5 avril,* signée *Marat*, président.

Mais, sur cet avis, les commissaires ne commandoient pas de nouvelle persécutions; mais ils ne se hâtoient point d'aller rejoindre la convention. Ils ne faisoient pas même de réponse à cette circulaire, non plus qu'à d'autres lettres que les Jacobins leur avoient écrites. On s'en plaignit dans la société ; les graves accusations succéderent aux plaintes. En vain Albitte y prit leur défense ; un cri général s'y éleva contre leur conduite. Robespierre le jeune articula des inculpations formelles : il assura que le parti d'Orléans avoit fondé sur eux des espérances, et qu'il recrutoit à Lyon, sous leurs auspices. La société courroucée prononça leur remplacement, en manifestant une improbation rigoureuse qui leur laissoit tout à craindre (1).

Il en jugerent ainsi ; car dès qu'ils en eurent connoissance, ils n'hésiterent plus à partir, pour parer aux suites d'une aussi périlleuse inculpation. Au moment de leur départ, les Jacobins de Lyon vinrent leur demander la formation d'un comité de *salut public*, composé de certains membres désignés, pris dans les trois administrations, lequel ne dépendant d'aucune, mettroit librement en usage

______

(1) Séance des Jacobins, du 15 avril.

toutes les mesures révolutionnaires. Soûscrire à cette demande, c'étoit livrer la cité à ce qu'il y avoit de plus effrénés scélérats; mais c'étoit prouver au *jacobinisme* un entier dévouement, c'étoit reconquérir sa bienveillance. Bazire consentit le premier, et fit consentir ses collegues à la création de cette abominable autorité, qu'il affecta depuis de caresser comme sa progéniture. De Paris, il faisoit dire à ceux dont elle étoit composée, que « leurs pouvoirs étoient extraordi-
» naires, que le département n'avoit rien à y voir,
» et qu'elle ne ressortoit que du comité de *sûreté*
» *générale* de la convention (1) ».

Les commissaires parurent le 21 avril à la société-mere des Jacobins, pour s'y disculper. Ils présenterent leur conduite sous le jour le plus favorable à ses vues. La société s'adoucit : elle se

---

(1) Ces expressions encourageantes de Bazire furent transmises à Achard, membre de ce comité, dans une lettre écrite de Paris par Fillion et Gravier, après une entrevue avec Bazire, à ce sujet. Voy. *H. et P. N°. LV.*

Ce comité fut, en quelque sorte, le frere jumeau de ce comité d'insurrection, qui venoit de naître à Paris, le 31 mars, sur les ruines du précédent, dans le palais de l'archevêché, sous le titre de *Comité central de salut public, correspondant avec les départemens, sous la sauve-garde du peuple.*

L 4

contenta de la justification qu'ils prononcerent;
et les dénonciations faites précédemment contre
eux, n'eurent pas de suites funestes.

Les *girondins* qui conservoient encore quelque
ascendant, voulurent se montrer plus séveres :
Chasset, l'un d'entre eux, se chargea de mander
les commissaires, à son comité de *législation*, pour
les y faire censurer. Mais leur refus obstiné d'y
comparoître, les fit échapper aux reproches d'une
faction orgueilleuse et jalouse qui touchoit à la
fin de son regne.

Affranchis par-là, de la censure des *girondistes*
et des Jacobins, les commissaires ne sauraient
l'être des jugemens du public et de la postérité.
Il est incontestable que Bazire et Legendre voulurent se rendre dignes de la confiance que leur
avoit accordée Danton, ce chef des *orléanistes*.
Mais Rovere, dont les lettres confidentielles des
conjurés ne font aucune mention, qui ne parut
jamais que comme un accessoire de complément
dans les vexations des commissaires, et qui d'ailleurs se montra obligeant et juste envers quelques
personnes qui recoururent personnellement à lui,
ne paroît pas avoir connu la secrette mission de
ses collegues, et n'en partagea pas les torts.

LIVRE VI.

Nouveau projet de massacre. Banquet civique pour y préluder. Arrivée de Dubois-Crancé, Albitte, Gauthier et Nioche. Arrêté formidable qu'ils dictent. Impôt forcé. Armée de brigands. Activité pour l'établissement d'un tribunal révolutionnaire. Nouvelles listes de victimes. Départ des quatre commissaires. Harangue d'un Jacobin de Lyon dans la société de Paris. Décret qui autorise les Lyonnois à repousser la force par la force. Esprit et but de ce décret. Guerre déclarée entre les sections et la municipalité. Les sections en permanence. Violence de la municipalité. Opposition du département. Gauthier et Nioche reviennent, en amenant des troupes pour la municipalité. Les sections s'arment. Pieges qu'ils tendent aux sections. Elles marchent au feu. Trahisons atroces. Encouragemens donnés par Gauthier, aux sans-culottes armés contre les citoyens. Progrès de la derniere colonne des sections. Siege de l'Hôtel-de-Ville. Chaleur et opiniâtreté de l'action. Gauthier déconcerté, se rend. Victoire des Lyonnois, après dix heures de combat. Horreurs dont il fut accompagné. Rapports et différences entre le 29 mai des Lyonnois : et le 31 mai, — le 9 thermidor — et le 13 vendémiaire des Parisiens.

Pendant que les citoyens, enfermés dans les prisons et les souterrains de l'*Hôtel-de-Ville*, se demandoient, avec effroi, à quel sort ils pouvoient être destinés : la cité prenoit un aspect sinistre, de plus en plus allarmant. Il n'y avoit plus repos ni sûreté pour personne ; tous les citoyens honnêtes, de quelqu'état qu'ils fussent, étoient menacés des mêmes dangers : leurs portes étoient forcées, à toute heure du jour et de la nuit, par des bandits qui venoient, au nom de la loi, faire chez eux de rapaces perquisitions, et les enlever eux-mêmes de leurs domiciles. Le glaive de Damoclès étoit vraiment suspendu sur toutes les têtes ; et les conjurés incitoient le bas peuple à couper le fil trop fragile qui tenoit sur elles, la mort en suspens. Leur lâche scélératesse vouloit se tenir cachée, en le dirigeant, parce qu'ils craignoient les dangers d'un massacre, qui pouvoit réagir contre eux-mêmes (1).

Mais l'exécution en étoit retardée par l'inertie d'un peuple paresseux pour d'aussi grands crimes. Combien les conspirateurs employerent de

____

(1) *Lettre* d'Achard et Fillion, datée de Lyon, le 23 mai, adressée à Gaillard, pour lors à Paris : elle contient cet aveu : « Nous craignons que l'insurrection n'étant point » complette, nous n'en soyons reconnus les auteurs, et » traduits dans des cachots ». *H. et P.*, *N°. CII.*

moyens, afin de le pousser à des excès assez extrêmes pour que toute rétrogradation vers le repentir et la modération, lui devint impraticable! Chaque jour ils faisoient afficher dans tous les lieux publics, de nouvelles provocations au carnage. Les auteurs de ces placards affreux sembloient dire à la populace : « Quand ressentirez- » vous donc la sanguinaire altération qui nous » dévore »? Sur une de ces affiches, que Challier avoit composée, on lisoit ces phrases épouvantables : « Trois cents romains (1) ont juré de poi- » gnarder les modernes Porsenna, et de s'ense- » velir avec leurs ennemis, sous les débris de cette » nouvelle Sagunte..... Aristocrates, *feuillantins*, » *rollandins*, *modérés*, égoïstes, égarés, trem- » blez ; le 10 août peut encore renaître, et.... les » ondes ensanglantées du Rhône et de la Saône » charieront vos cadavres aux mers épouvan- » tées »..... Atroce prédiction, ou plutôt effroyable révélation d'un projet déja résolu, à l'accomplissement duquel Collot-d'Herbois étoit réservé!

____

(1) Ce sont les 300 du comité, formé aux approches du 10 août. La minute de l'affiche citée s'est trouvée dans les papiers de Challier, et a servi de piece à son procès. *H. et P.*, *N°. LXVIII.*

Ceux des conjurés qui étoient allé prendre le mot d'ordre à Paris, auprès de Robespierre et de Marat, écrivoient à Lyon pour insister sur la nécessité d'un prompt massacre. « Le temps si désiré de purger la France est venu », disoient les uns. Les autres ajoutoient : « Il faut que notre cause triomphe, ou que le fer et le feu dévorent la république ». — « Le peuple souffre », mandoit celui-ci : « Tant mieux : il peut mettre ses calamités à profit »; et l'infâme Cusset écrivoit à tous les antropophages du club central : « Mourez, ou faites mourir ; la liberté pour nous, la mort pour nos ennemis : voilà le mode du scrutin épuratoire de la république (1) ».

Le jeudi, 9 mai, jour de la fête de l'Ascension, fût le jour définitivement fixé pour l'exécution des plans meurtriers dont je viens de parler. Un banquet civique devoit y servir de prélude et d'encouragement. L'on avoit décidé qu'avant de procéder à l'immolation des victimes humaines, dont on devoit finir par se repaître, on s'aiguillonneroit en public, par une farouche intempérance de vins et de viandes.

---

(1) Diverses lettres transcrites dans l'ouvrage désigné par *H. et P.* Voy.-y les numéros 59, 139, 24, 27, 138 et autres.

Dès la veille de cette orgie, les cannibales se
flattoient hautement de leur prochaine désaltéra-
tion dans le sang de leurs concitoyens. Au club
de la section *de St.-Vincent*, un nommé St.-Mar-
tin demandoit exprès la parole pour exprimer sa
joie de ce que, « le lendemain, à la suite d'une
» réunion, l'on installeroit le tribunal révolu-
» tionnaire, qui feroit aller de suite le rasoir de
» la nation ». L'expédition paroissoit si certaine
aux conjurés, que leur correspondant, à Paris,
croyant que, selon de premiers arrangemens, elle
avoit eu lieu quatre jours plutôt, la racontoit aux
Jacobins, comme faite : la veille du jour où l'on
osa la tenter (1).

Le rassemblement du banquet se fit sous les
arbres de la place de *Bellecour*; le nombre des
convives surpassa l'attente des conjurés, et les
embarrassa. Beaucoup de gens de bien avoient eu
le courage de se mêler avec eux, pour connoître
et déranger leurs desseins. Ces intrus inspirerent
de la défiance ; on n'osa rien se confier réci-
proquement : la multitude sembla pétrifiée ; les
chefs, devenus furieux, l'abandonnerent, espé-

---

(1) Séance des Jacobins, 8 mai.

rant que l'élite seule du club central pourroit leur suffire.

. Deux d'entre eux, Gaillard et Roullot, allerent intimer à l'administration du département, « au » nom du peuple souverain », de se rendre à l'*Hôtel-de-Ville*, pour y installer enfin l'atroce tribunal. Peu satisfaits de la réponse qu'ils en reçurent, ils déclarerent que, « ne pouvant obtenir » justice, ils alloient se la faire à eux-mêmes, en » plantant la guillotine, qui étoit le véritable » arbre de la liberté : et qu'ils la vouloient en » permanence (1) ».

Du département, Gaillard et Roullot passerent au district, où ils déclarerent que sur le soir, ils reviendroient lui faire approuver la liste des juges de sang, nommés par les clubistes. La réponse qu'ils obtinrent, ne les ayant pas satisfaits, l'un d'eux annonça qu'on « sauroit bien les installer » de force (2) ».

Pendant ces démarches, la frénésie de la plupart des conviés s'éteignoit; le banquet se terminoit par de sottes farandoles qui, se mettant à parcourir les rues, opéroient la dispersion du rassem-

---

(1) Procès-verbal du département, du 9.
(2) Procès-verbal du district, du 9 mai.

blement. Roullot appercevant une troupe qui se retiroit au son du tambour, courut l'arrêter, et rappeller à ceux qui la formoient, « que le ral-
» liement devoit se faire à l'Hôtel-de-Ville, et
» qu'il falloit aller prendre la guillotine, pour la
» mettre en activité ».

Mais quand une fois l'exaltation d'un bouillonnement populaire commence à s'affoiblir, il n'est pas facile de le relever; le grand art des conspirateurs fut toujours de le prendre à son apogée. Roullot ne put rallier la populace qui, bien rassasiée au dépens de la conjuration, se dispersoit sans vouloir se prêter à rien; les conjurés en rugissoient: et dans leur dépit brutal, ils s'emporterent contre un obélisque assez curieux, et le renverserent (1).

Leur peu de succès fut rejetté par eux, sur la disette où l'on avoit laissé leur comité de *salut public*, chargé de l'organisation de ce massacre: et ce fut un motif de plus pour solliciter de nou-

---

(1) Cet obélisque avoit été érigé, devant l'église des Jacobins, lors du mariage de Henri IV avec Marie de Médicis, à Lyon. Sa forme étoit triangulaire ; il portoit sur ses trois faces, le nom de Dieu, écrit dans toutes les langues, avec leurs caracteres particuliers.

veaux fonds. Leur correspondance nous apprend que, dès octobre précédent (1), Cusset demandoit pour eux, auprès de la convention, une somme de 150,000 liv. ; qu'en février, ils pressoient leurs amis Javogues, Pressavin, Dupuy, etc. de leur faire accorder 1,500,000 liv. (2) ; et que le 5 mai, Bertrand s'étonnoit de ce qu'elle hésitoit à décréter sa demande de 3 millions (3). Le département, qui, dans cette dernière occasion, avoit promis, sans rien livrer, devint à jamais l'objet de leur ressentiment. Dénoncé pour cela, par le club au conseil général de la commune : il le fut aux Jacobins de Paris par le comité de *salut public* lyonnois ; et dès-lors la municipalité décida de prendre chez les citoyens, les fonds nécessaires pour les faire assassiner. Les présidens des comités de *surveillance* qu'elle avoit provisoirement nommés dans chaque section, furent « invités de désigner dans les vingt-quatre » heures », ce qu'on appelloit génériquement « les riches, les capitalistes, les insoucians, pour

---

(1) *Lettre de Cusset au club*, du 22 octobre, imprimée. *H. et P.*, *N°. XII.*

(2) *Lettre* manuscrite déja citée, du 11 février.

(3) Autre *lettre* manuscrite.

» les

,, les taxer ,, ; et le comité de *salut public* fut autorisé de leur arracher de force, en cas de refus, cette arbitraire imposition (1).

Mais ce brigandage, qui mettoit toutes les fortunes à la disposition des conjurés, ne parut pas suffisant aux nouveaux commissaires de la convention, accourus à leur aide ; et la masse du peuple Lyonnois, trop mêlangée d'êtres indolens pour le crime, leur sembla incapable d'accomplir leurs desseins. Ces commissaires étoient, Dubois-Crancé, Albitte, Gauthier et Nioche, qui, de l'armée des Alpes, venoient déployer leurs funestes pouvoirs dans Lyon. Ils voulurent que, pour exécuter des massacres, on n'eût plus besoin de cette populace, trop molle pour le mal : et qu'un corps de quatre mille neuf cents assassins intrépides, sous le nom d'armée révolutionnaire, fût établi en permanence dans cette ville. Ils voulurent que, pour écarter les citoyens qui pourroient les gêner, on en fit sous la même dénomination, un second corps qu'on enverroit dans la Vendée. Ils voulurent, pour ne mettre dans l'un que des brigands, et dans l'autre que leurs ennemis, composer ces deux corps, non par en-

____

(1) *Arrêté* pris le 11 mai. *H. et P.*, *N°. LXXXIII.*

Tome I. Hist. de Lyon.   M

rôlement volontaire de la part des individus ; mais par réquisition forcée, et par choix de la part des conjurés. Enfin, enchérissant sur les premiers attentats faits aux propriétés, ils voulurent que, pour ne point manquer des fonds dont leurs assassins enrégimentés pouvoient avoir besoin, on levât incontinent sur les citoyens aisés, un emprunt forcé de six millions.

Pour masquer, d'un air légal, ces effrayantes combinaisons, les commissaires résolurent de les faire adopter par les administrations et les tribunaux réunis. Ils les convoquerent pour cela, avec un insolent despotisme, à l'*Hôtel-de-Ville*, bien certains que la municipalité, son comité de *salut public*, le tribunal civil et quelques membres, soit du tribunal criminel, soit du département et du district, appuyeroient ces tyranniques dispositions. La proposition qu'en firent Dubois-Crancé et Albitte dans cette assemblée générale, le 13 mai, excita les soulevemens des autres membres de ces trois derniers corps. Le procureur-général-syndic du département, Meynis, qui parla contre elles avec plus de logique et plus de vigueur, n'eut pour réplique que les injures grossieres et les gestes menaçans de Gaillard, sur qui Challier enchérit encore : et les commissaires laisse-

rent terminer la séance par ces ripostes scanda-
leuses. La discussion, renvoyée au lendemain ,
s'ouvrit par la répétition des invectives de la
veille : il entroit dans la tactique des conjurés, de
lasser ainsi la résistance des opposans ; ceux-ci
ne pouvoient l'emporter sur une majorité très-dé-
cidée à toutes les infâmies : elle adopta l'atroce
ouvrage des commissaires.

Sous le titre imposant des *corps administratifs* , etc. cet arrêté portoit , indépendamment des
révoltantes dispositions dont je viens de parler ,
que les six millions seroient exigés *par mandats
impératifs en 24 heures* , sur la taxe arbitraire de
l'infâme comité de *salut public* , qui en auroit
l'emploi. Tous les fonds , comme tous les pouvoirs de la tyrannie , furent dès-lors concentrés
dans cette effroyable autorité , que Dubois-Crancé
recomposa suivant ses vues. Par cet arrêté, les
étrangers se trouverent encore proscrits , les bons
citoyens furent désarmés , et les bandits , munis de
fusils et de piques , au gré du comité. S'il n'en
résulta pas en même-temps l'installation du tribunal révolutionnaire , du moins les députés
choisis pour aller porter à la convention, ces réso-
lutions effroyables , furent chargés expressément
de lui demander son approbation pour ce tri-

bunal de sang , déja clandestinement préparé.

Cette approbation nécessaire , pour n'avoir aucune entrave dans les exécutions préméditées, étoit déja demandée, depuis le 8 mai, dans la jacobiniere de Paris , par un envoyé du club , qui, en insistant sur cet objet de sa mission , annonçoit qu'en attendant l'autorisation conventionnelle , le tribunal seroit provisoirement installé, et qu'une armée révolutionnaire seroit placée *derriere les juges,* pour *légaliser leurs opérations* (1).

Ne nous étonnons pas si cet envoyé , qui, le 8 mai , parloit aux Jacobins , de cette armée comme existante , quoiqu'on n'en ait décidé la formation que le 14 , six jours après , parut aussi précoce qu'affirmatif, dans l'annonce qu'il en faisoit. Il n'avoit été députe par le club central , qu'après une séance où, Dubois - Crancé , étoit venu , comme particulier, avant sa mission , faire espérer cet épouvantable rassemblement de voleurs et d'assassins. Ce n'étoit pas sans dessein qu'il avoit formé cette troupe ; l'on peut conjecturer ses intentions, quand on sait que , dans cette assemblée des corps administratifs dont je viens de parler, il voulut que le comité de *salut public,*

____

(1) Séance des Jacobins , 8 mai.

recomposé à sa maniere, et formé de gens dévoués à ses caprices, eût seul le commandement des quatre mille neuf cents bandits, sans que le pouvoir exécutif lui-même pût jamais leur donner aucun ordre, ni les employer hors de la circonscription du département (1).

La puissance conventionnelle s'est élevée dans la suite contre plusieurs abus de pouvoir; comment, dans ce réveil de la justice, ces quatre commissaires se sont-ils trouvé investis d'impunité ? Ne sont-ils donc pas assez coupables, les visirs inhumains qui, par ce monstrueux arrêté, enfanterent la plupart des maux auxquels Lyon doit sa ruine ? En cela, du reste, ils marchoient d'accord avec la municipalité de Paris qui, presqu'à la même heure (16 mai), appelloit les principaux scélérats des sections, pour taxer les ci-

____

(1) Ces particularités sont consignées dans une déclaration, en forme de *procès-verbal*, rédigé le 14 mai, par Louis Matheron, l'un des administrateurs du district, et substitut du procureur-syndic. *H. et P. N°. LXXXI.* Le comité de *salut public*, suivant sa nouvelle organisation, fut composé de Achard et Maillan, administrateurs du département; de Machabeo, cadet, et Thonion, administrateurs du district ; de Richard et Roch, officiers-municipaux ; de Gauthier, notable.

toyens dans les mêmes formes, en même-temps qu'elle levoit son armée révolutionnaire. Leur but étoit évidemment de mettre Lyon en proie aux mêmes attentats, par le moyen desquels la *montagne* vouloit triompher dans la capitale.

Après avoir ainsi rempli leur mission, les commissaires retournerent à l'armée des Alpes, pour y faire voter le soldat en faveur de l'étrange constitution que la convention venoit de produire ; et les conjurés qu'ils laissoient enhardis et tout-puissans, se livrerent à toutes les vexations que l'arrêté devoit autoriser.

Leur comité de *salut public* répandit avec une telle profusion, ses *mandats impératifs pour payer dans les 24 heures, l'impôt forcé*, que par la quotité et le nombre des taxes arbitraires, il se trouva être bientôt, non de six, mais de trente à quarante millions. Une des moins riches des trente-deux sections de la ville, fut taxée à 1,300,000 liv. De simples négocians, chargés de famille, furent imposés à 60,000 liv. « Il falloit, au terme des man- » dats, payer de suite, sous peine d'être noté com- » me suspect ». Les taxes étoient motivées, avec autant de dérision que de dureté. Le brigandage, ainsi déchaîné, pouvoit-il rester circonscrit dans les formes, quoique peu gênantes de la réparti-

tion ? La violence convint mieux à son extrême
avidité. Le municipal Santemouche s'élançoit avec
quelques bandits, le sabre nu à la main, dans la
demeure de deux femmes timides, et leur extor-
quoit la somme dont il avoit besoin (1). Gaillard
pénétroit avec ses camarades chez un particulier, à
qui il arrachoit 10,000 liv., par la menace de la
guillotine ; et transporté de cet exploit, il s'écrioit:
« Sainte guillotine, que tu as de vertu ! jamais
» remede n'opéra si vîte : camarades, vous aurez
» de l'argent quand elle sera permanente ».

C'étoit parmi ceux qu'on voloit si audacieusement, que le comité lançoit les réquisitions
qui devoient donner les bataillons destinés à la
Vendée, tandis qu'on ne requéroit que des va-
nu - pieds et des *sans - culottes*, pour former les
bataillons auxquels on devoit livrer la cité. Ces
deux classes de bons citoyens et de brigands,
offrant beaucoup d'individus qu'on ne pouvoit
requérir, on ruinoit les premiers, pour leur
ôter la faculté d'acheter le peuple : on les désar-
moit pour les priver des moyens de la résistance ; et leurs armes, leurs biens, leurs domi-

____

(1) Quelques jours après, Santemouche fut assassiné publiquement par le peuple, qui finit par le jetter dans la Saône.

ciles même, étoient livrés aux seconds, qui devenoient par-là, maîtres de la ville et des citoyens.

Heureux encore les honnêtes gens qui restoient,
si, après les avoir ainsi dépouillés, on eût voulu
leur laisser la vie ! Deja leurs noms sont écrits sur
de nouvelles listes de massacre. Challier rédige
celle de son quartier, dans laquelle il comprend
quatre-vingt-deux peres de famille, négocians,
marchands, et la plupart ouvriers ; qu'il appelle
de vils aristocrates. Il la distribue, dit-il, « comme
» la boussole des patriotes, pour les diriger sur
» la mer du civisme ». Expression, dont l'atroce
profondeur est à peine concevable !

La liste du canton de *Bellecour* contenoit soi-
xante-quatorze peres de famille ; il n'est pas de
section dont le comité de *surveillance* ne dévoue
à la mort quantité de citoyens.

Et pour ajouter à la pâture des antropophages,
les étrangers sont consignés aux barrieres ; et
des émissaires vont dans les campagnes, composer aussi de fatales listes, suivant le conseil
qu'en donnoit Albitte. Ce fut encore par son instigation que, dans la crainte que les jurés légitimes
dont la session étoit prochaine, ne sauvassent les
proscrits, on la renvoya à d'autre temps, sous
prétexte que les jurés n'étoient pas pourvus de

(185)

certificats de civisme ; et l'on se promettoit bien de ne pas leur en accorder (1).

Enfin, Challier se croyant près d'inonder la ville de sang, se mit à courir les rues, en criant à ses *patriotes* : « Il est temps de mettre des bor-
» nes à votre clémence.... Vos ennemis ont juré
» d'égorger jusqu'à vos enfans à la mamelle.....
» Aux armes, aux armes!... Il faut obtenir la
» victoire, ou s'ensevelir sous des ruines ensan-
» glantées ».

Telle étoit la certitude que les scélérats avoient d'obtenir l'approbation de leur tribunal de sang, qu'ils en parloient, comme s'il fût déja confirmé par un décret. La consternation et le décourage-ment des citoyens permettoit-il de croire que cette horrible invention pût ne point l'être ? Ne sem-bloit-il pas, en effet, qu'à moins d'un prodige, les espérances des assassins ne pouvoient que se réaliser bientôt ? Un jeune énergumene, nommé Théophile Leclerc (2), député du comité de

____

(1) Lettre d'Albitte, datée : Chambéry, 18 mai, où il dit encore : « Hâtez la fabrication de vos piques et leur distri-
» bution. Hâtez-vous de mettre à exécution l'important
» arrêté ». *H. et P., N°. LXXVII.*

(2) Ce jeune tigre, né à Montbrison, appellé par Ber-trand, *jeune Spartiate*, étoit le messager et l'orateur des Jacobins de Lyon, auprès de ceux de Paris. On voit dans

salut public lyonnois aux Jacobins de Paris , s'y agitoit avec fureur depuis plusieurs jours. Le 12 mai, sa rage, augmentée, ne pensoit même plus que le tribunal révolutionnaire fût une mesure suffisante ; il demandoit un moyen d'anéantir d'un seul coup, tous ceux qu'il appelloit les ennemis du peuple. « Quand les magistrats
» sont corrompus , ajoutoit-il , le peuple ne doit
» avoir de ressource que dans son courage.....
» Peuple, tu souffres la misere !.... établis le *ma-*
» *chiavélisme* populaire. Faisons disparoître de
» la surface de la terre, tout ce qu'il y a d'impur :
» sans cela, nous ne serons que des enfans....
» On me traitera sans doute de brigand ; mais je
» sais me mettre au-dessus de la calomnie, en
» exterminant les calomniateurs.... Dût-on m'ap-
» peller mille fois brigand : je jure, *foi de bri-*
» *gand ,* de ne voter jamais de pétition que le
» fer à la main ». Cette harangue enchantoit les

---

les journaux des Jacobins et de la *Montagne ,* beaucoup de ses frénétiques harangues. Cusset disoit de lui aux sans-culottes Lyonnois : « Il a des talens, peut-être trop pour » vous ». (4 mai). *H. et P., N°. LXXIV.* Le lendemain de sa harangue du 8, aux Jacobins, Leclerc écrivoit à Challier: « De la promptitude ; sous peu je suis à Lyon , et la patrie » est sauvée ». *Ibid, N°. LXXVIII.*

Jacobins ; Bentabolle, président, en témoignoit leur satisfaction à l'orateur, par une affectueuse acolade qu'il le chargeoit de transmettre à ceux au nom desquels il avoit parlé. Et, comme Leclerc alloit retourner à Lyon, afin d'y faire agir dans le sens du 31 mai, qui se préparoit, Bentabolle assura les Jacobins que ce jeune énergumene leur seroit « d'un grand secours en cette » ville (1) »..

Mais sa formidable harangue, dont ils étoient ravis, fut répétée d'une maniere contraire à leurs vues, par un écho ennemi, dans l'enceinte de la convention. Les *girondistes* qui y dominoient momentanément alors, en prirent de la force et de l'audace contre eux. Chasset fit valoir, en faveur de sa faction, toute l'horreur de cet effrayant discours. En présentant adroitement dans une même perspective, le péril des Lyonnois, le danger de la patrie, l'espérance des cannibales, il souleva tout ce qui n'étoit pas jacobin, contre ce tribunal sanguinaire, dont la faction opposée vouloit s'armer à Lyon, comme elle l'avoit déja fait à Paris ; et la convention décréta, sur sa proposition, que ce tribunal, déja clandestinement

____

(1) Séance des Jacobins, du 12 mai.

formé, seroit suspendu : et que les citoyens de Lyon seroient «autorisés à repousser la force par » la force (1) ».

Ce décret, dont l'intention fût alors si favorablement jugée dans cette ville, par quiconque frémissoit de peur, ou brûloit de résister, n'étoit qu'une ruse des *girondistes* pour détourner les coups que le *jacobinisme* leur portoit à Paris. Ils firent attaquer à Lyon, leur ennemi, pour affoiblir par cette distraction, la confiance qu'il avoit en ses forces ; et les Lyonnois ne furent autorisés à combattre les suppôts des Jacobins, que pour l'intérêt du *girondisme*. La faction qui les incita à combattre son ennemie, l'eût-elle fait dans d'autres occasions, où le combat des Lyonnois auroit pu ne favoriser que leurs sentimens particuliers et leurs intérêts propres ? Eh ! n'a-t-on pas vu depuis, ce même *girondisme* qui les arma contre les brigands, quand il voulut l'emporter sur eux, se servir des mêmes brigands, pour asservir Lyon à sa tyrannie ?

Ce ne sont donc plus ici des royalistes contre les *patriotes* ; ce sont les factieux divisés qui en viennent aux mains, en criant de concert : *Vive la république*. Aussi remarque - t - on que

—————————————

(1) Séance du 15 mai.

l'espece d'aristocrates proscrits alors par le *jaco-bin* Challier sont les partisans de Rolland et de Brissot, à la tête desquels marche le départe-ment, devenu totalement *girondin* (1) : tandis que la municipalité, complétement jacobini-sée (2), sert de point de ralliement à tous les anarchistes. Les *girondistes* et les *jacobins* enga-gent seuls le combat ; et comme les premiers par-lent d'ordre et d'humanité, tandis que les seconds ne respirent que désordre et carnage, la masse des citoyens, exaspérée de tant d'anarchie, se livre à l'impulsion donnée contre les brigands, par les *girondistes*. Les systêmes politiques s'éloignent de la multitude, qui, ne voyant plus l'ordre dont ils avoient besoin, que dans des loix : et la pos-sibilité des loix, que dans la république qu'on lui donnoit, l'acceptoit réellement de bonne foi. C'est pour cela, que, dans ce qui va suivre, je perds un instant de vue, l'esprit des factions qui sont aux prises, pour ne voir que de braves gens en guerre ouverte avec la scélératesse.

---

(1) Par la retraite de Grandchamp et autres, notés comme *patriotes* par Challier : et qui furent remplacés par des amis de Chasset.

(2) Depuis la démission de Niviere, ses collegues *rollan-dins* avoient quitté l'écharpe municipale.

La premiere escarmouche fut faite par Challier, dès qu'il connut le décret. Accouru à l'*Hôtel-de-Ville* pour y concerter les moyens d'éluder cette loi, il y rencontre un individu qu'il sait être en relation avec Chasset : « Eh bien ! lui dit-il, croit-on » l'échapper ? il se levera assez de monde avec » moi, pour poignarder vingt mille citoyens; et » c'est moi qui me réserve de t'enfoncer le glaive » dans la gorge, et d'aller ensuite, à la conven- » tion, le plonger dans le cœur de Chasset ». Et bientôt Challier appelle à lui tous les scélérats de la ville, il veut que chacun d'eux soit muni d'une demi-livre de poudre, il court à ce qu'il y avoit déja de bandits réunis pour l'armée révolu- tionnaire, et leur fait prononcer le terrible ser- ment, d'exterminer tout ce qui n'étoit pas *sans- culotte* (1), mais sur-tout les *girondins*, itérative- ment désignés par les noms de *rollandins*, de *modérés* et de *feuillantins*.

Le moyen d'exécution consistoit à completter le désarmement des bons citoyens et l'armement

---

(1) C'est le même serment déja cité, où le *girondisme* est désigné par ces mots : *rollandins*, *feuillantins*, *modérés*, *égarés*, *égoïstes*, etc.

des brigands : à réunir tout - à - coup ceux-ci par le tocsin et le canon d'alarme : à s'emparer de toutes les personnes appellées *suspectes* : à mettre en activité ce tribunal révolutionnaire, tout ré-prouvé qu'il étoit, et à ne quitter les armes, que quand les riches auroient été dépouillés , la ville *purgée*, et tous les rebelles vaincus. Ainsi l'avoit réglé le comité de *salut public* lyonnois ; mais Challier avoit des vues plus vastes : étendant les mêmes mesures à toute la France , il vouloit en outre, que Lyon donnât l'exemple de rempla-cer les administrations et les tribunaux par des cours martiales, qui jugeroient dans les 24 heu-res, et condamneroient même à mort , ceux qui ne seroient accusés que d'avoir tenu des propos *inciviques* (1).

Ces plans , non moins vastes qu'atroces , exi-geant toutes les forces de la conjuration, elle écri-voit à Gaillard , qui étoit à Paris, de revenir avec un renfort de brigands , pour servir de chefs : ou bien de faire révoquer le décret du 15 , qui leur mettoit tant d'entraves, et que ses camarades

---

(1) Ces deux plans se sont trouvés dans les papiers de Challier. *H. et P. N*ᵒˢ. *LXXVI et LXXVII.*

appelloient avec douleur, le *décret de la contre-révolution* (1).

L'excès du mal enfanta le désespoir; et ce fut le désespoir, qui trouva le remede aux maux affreux dont on étoit inévitablement menacé. Il falloit périr, ou secouer le joug de ses barbares tyrans : on en saisit la première occasion. Elle se présenta dans l'exécution d'une loi du 21 mars, qui vouloit que les assemblées primaires se formassent pour nommer, dans chaque section, un comité particulier de *surveillance*. La municipalité, qui y avoit déja provisoirement pourvu, par des brigands à sa dévotion, et qui craignoit d'ailleurs que la réunion des citoyens n'établît des rapprochemens capables de communiquer à tous l'indignation de quelques-uns, et de rendre cette indignation plus terrible, en la rendant plus générale, voulut contraindre le département à retarder la convocation. Mais il insista; et les assemblées se formerent, en annonçant, dès leur début, que les alarmes de la municipalité n'étoient point vaines, car les sections se déclarerent aussi-tôt en permanence.

La municipalité dès-lors ne contint plus sa

____

(1) Séance des Jacobins, 20 mai.

rage

rage et son désespoir ; elle conduisit contre les assemblées, la force armée qui les dispersa. Dans la nuit suivante, elle emprisonna des présidens et des secrétaires de sections, ainsi que beaucoup de membres de celle du *Port du Temple*, et une grande quantité d'honnêtes citoyens. Ainsi révoltée contre le peuple assemblé, contre la loi même, elle s'étaya de son comité de *salut public*, pour dissoudre cette permanence par un arrêté pris en commun. Le département le cassa, en enjoignant en même-temps aux clubistes, dont les comités de *surveillance* étoient provisoirement composés, de faire place aux citoyens que les sections venoient d'y nommer.

Le glaive étoit tiré de part et d'autre : ici le département, avec tous les bons citoyens, et sous les auspices rassurans d'une loi qui les autorisoit à « repousser la force par la force »; là, tous les brigands, avides de sang et de pillage, ayant à leur tête le comité de *salut public* et la municipalité, sous les auspices encourageans de la féroce anarchie. De quel côté se tournera la victoire ? Pour se disposer à l'arracher, ces derniers s'occupent d'augmenter leurs forces. Ils envoient recruter dans les campagnes, les paysans qu'ils ont pervertis, ils rappellent des dragons occupés à la

répression de quelques troubles au loin ; ils écri-
vent à tous leurs affidés qu'ils ont d'eux un besoin
urgent, ils mettent leur armée révolutionnaire en
activité. Pour avoir un motif plausible de faire
venir, à leur secours, les députés, commissaires
de l'armée des Alpes, avec des troupes, ils font
piller un dépôt de beurre appartenant à la république, et réclament aussi-tôt auprès d'eux, l'effet de
leurs promesses. Qui pourra suffire à payer ce
déploiement extraordinaire de forces militaires ?
Ce sera, décident-ils, « la levée anticipée et
prompte du milliard, qu'un décret récent impose
sur les riches ».

Gauthier et Nioche arrivent, amenant à leur
suite deux bataillons et deux escadrons. Enhardis
par ce renfort, les conjurés menacent d'attaquer
les sections obstinées dans la permanence. Une
avant-garde d'anarchistes subalternes, munie de
bâtons et de toutes sortes d'armes, est lâchée contre elles. Quelques-unes cédent à la violence,
et les citoyens qui en faisoient partie, sont assom-
més dans les rues ; ceux qui croient pouvoir aller
réclamer protection à l'*Hôtel-de-Ville*, y sont assas-
sinés. Pendant ces especes d'affaires d'avant-pos-
te, Challier, dans son club, haranguoit ses satellites pour la grande attaque : « Trois cents
» têtes marquées, disoit-il, ne nous manqueront

,, donc pas aujourd'hui ; allons nous emparer
,, des membres du département, des présidens et
,, secrétaires des sections; faisons-en un faisceau,
,, que nous mettrons sous la guillotine , et nous
,, nous laverons les mains dans leur sang ,,.

Ces membres du département venoient de pousser à bout la fureur des conjurés, par un grand
acte de vigueur. Une section s'étant d'elle-même
formée en bataillon sur sa place d'armes , pendant les attentats précédens de la municipalité ,
le département avoit enjoint à toute la force armée des autres sections de se tenir prête à suivre cet exemple , au premier signal de la générale.
Mais l'étendard de la révolte étoit levé par les
conjurés ; leur comité de *salut public* prononça
que cette réquisition de l'autorité supérieure resteroit sans effet.

Néanmoins toutes les sections se préparent et
s'agitent ; sur l'avis de la derniere menace de Challier , elles demandent qu'il soit mis en prison.
Elles déclarent que la municipalité a perdu leur
confiance. Le département , pour s'aider dans ce
que cette conjoncture avoit de critique , les invite
à lui envoyer quelques-uns de leurs membres
pour concerter avec eux le salut de la cité. Ceux-ci
s'y rendent avec le zele du bien: Gauthier et Nio-

che, qui y sont pareillement invités, n'ayant pas le même mobile, refusent d'y venir. On les prie d'éloigner de la ville la force armée, qui ne s'approchoit que par leurs ordres, et pour seconder la conspiration dans la guerre à mort qu'elle déclaroit aux citoyens ; devoit-on être exaucé par ceux qui en étoient les moteurs ? Ils furent sourds à cette demande. On se rappelle alors la part qu'ils eurent à l'arrêté funeste du 14, on ne doute plus qu'ils ne soient d'intelligence avec les conspirateurs, et l'on déclare hautement que ces deux commissaires de la convention ne peuvent inspirer de confiance aux sections.

Ainsi protégée, la municipalité de plus en plus entreprenante, s'empare de l'arsenal dans la nuit (du 28 au 29), et s'y fortifie ; elle remplit l'*Hôtel-de-Ville* de tous les bandits qu'elle a pu rassembler, et leur donne des canons, des fusils et des munitions de toute espece ; elle fait venir sur la place des *Terreaux*, la cavalerie et l'artillerie qui sont à sa disposition. Elle charge du commandement de sa défense, un nommé Ledoyen, adjudant de l'armée des Alpes : avec la précaution de retenir l'inepte commandant Juillard, pour se servir du pouvoir légal de son grade, en faisant signer par ce mannequin toutes les réquisitions militaires dont elle pourroit avoir besoin.

De tels préparatifs l'autorisent à tout oser. L'*Hôtel-de-Ville* étant devenu son quartier-général, elle en repousse les administrateurs du département, aux séances duquel il servoit ; elle somme tous ceux qui ne vouloient pas combattre pour elle, de poser les armes, *sous peine de mort ;* elle fait arrêter les patrouilles des sections, et charger de fers quantité de citoyens ; elle se croit sûre de la victoire : la guerre est déclarée.

A ces apprêts menaçans, à ces attentats audacieux, les sections s'irritent, leur courage s'enflamme. L'une d'elles , toujours la plus prompte et la plus brave au combat, celle du *Port du Temple*, pendant que les autres délibèrent encore, s'élance vers l'arsenal et l'enlève aux satellites de la municipalité. Il devient le Capitole des Lyonnois, l'administration du département et celle du district y vont délibérer avec les commissaires des sections, sur les moyens de sauver la cité. C'est là que les autorités tutélaires présentent un centre de réunion à tous les ennemis de l'anarchie.

Les bataillons des sections, bientôt convoqués, courent aux armes ; la plus vaste place de l'Europe, celle de *Bellecour*, voisine de l'arsenal, se trouve en peu de temps couverte de citoyens,

que l'horreur du crime et de la tyrannie transforme
en guerriers, dont la bravoure se croit invincible. C'est l'un d'eux, appellé Madinier, qui se
charge de mener à la victoire, cette troupe, si em-
pressée de combattre le brigandage et ses fureurs.

Gauthier et Nioche crurent sans doute alors
décider le triomphe en faveur des conjurés, en
ordonnant aux sections de mettre bas les armes.
Ce fut Nioche qui, accompagné de Ledoyen,
vint au milieu des bataillons assemblés, leur intimer cette absurde ordonnance. On l'accueillit par
des acclamations flatteuses, mais on resta armé ;
et on le conduisit, ainsi que Ledoyen, au comité
des sections, pour qu'il y manifestât en quoi pouvoit consister la paix qu'il offroit.

Là, Nioche cherchoit à s'excuser par d'hypo-
crites mensonges. Il blâmoit les justes défiances
qu'on montroit à la municipalité conspiratrice ; il
mendioit tortueusement la confiance publique
pour lui-même et pour son collegue. « Mais la
» méritez-vous » ? répliqua à-peu-près en ces
termes, le président Freminville. « Votre audace
» n'a point étouffé nos souvenirs. Vous avez
» signé ce monstrueux arrêté, qui aspire si for-
» tement notre sang et nos fortunes ; et vous de-
» mandez notre confiance !..... Tous vos refus à

» nos sages et légitimes demandes, et sur-tout
» votre impudente apologie de la plus infâme des
» municipalités, démontrent votre connivence
» avec elle, et justifieroient plus que nos défian-
» ces.... Allez, nous professons la république ;
» mais nous voulons le regne de la loi. L'oppres-
» sion municipale est insupportable pour des ré-
» publicains tels que nous. Nous sommes réunis
» pour lui résister... Vous voudriez que nous dé-
» posassions les armes ; mais auparavant, ren-
» voyez vos troupes, retirez vos canons, et sus-
» pendez de ses fonctions, tout le conseil-général
» de la commune ».

Nioche mentoit lâchement encore pour se disculper ; il nioit qu'il eût eu part à la confection
de l'arrêté ; il assuroit même qu'on n'avoit point
de vues hostiles contre les sections, et que défense étoit faite de tirer sur leurs bataillons ; mais
tout-à-coup l'airain tonne : et Nioche est convaincu d'imposture.

Un bataillon de section, nominativement appellé par la municipalité, s'étant laissé conduire
sans défiance par le traître Barbier, son commandant, devant l'*Hôtel-de-Ville*, venoit d'y être cri-
blé par le canon, et par plus de trois cents coups
de fusils, à l'instant où ce chef en avoit donné le

signal par sa réunion avec les municipaux. Tout le comité crie à la trahison; Nioche, qu'on en accuse aussi, veut aller solliciter la cessation du carnage : il part, en laissant la promesse de revenir bientôt apprendre le succès de sa démarche; et Ledoyen reste consigné dans l'arsenal.

Le temps s'écouloit; il étoit cinq heures du soir, et Nioche ne revenoit point; l'activité des dispositions militaires de la conjuration, portoit à croire qu'il ne rapporteroit aucune réponse favorable. Dans cette persuasion, la prévoyance du comité donna l'ordre de faire marcher les bataillons vers l'*Hôtel-de-Ville*. Le département, de son côté, envoya proclamer la suspension de toute la municipalité, avec un appel aux présidens et secrétaires de sections, pour exercer, par *interim*, les fonctions municipales.

Pendant que ces choses se passoient à l'arsenal, l'*Hôtel-de-Ville* et la place des *Terreaux*, continuoient d'être le théatre de la plus atroce barbarie. Bertrand et ses confrères, descendus avec le commandant Juillard, sur cette place jonchée des morts et des mourans du bataillon que la plus horrible des trahisons venoit de sacrifier, disoient, en contemplant les uns avec complaisance : « Les voilà bien en permanence »; et ils

faisoient achever les autres à coups de bayonnettes et de crosses de fusil, par les bandits
qui les accompagnoient. Puis, ils dansoient ensemble sur les cadavres, autour du canon, en
criant à plusieurs reprises : « Vivent les *sans-cu-*
,, *lottes* ,,. Delà Juillard étant allé chercher d'autres hordes de brigands, les amenoit et les rangeoit en ordre sur la place. Depuis l'arrestation
de Ledoyen, il redevenoit leur chef, et paroissoit
vouloir se montrer digne de l'être. Les municipaux parcourent les rangs, en distribuant des
cartouches à poignées, et en s'écriant : « Soyez
,, fermes; nous les tenons ,,.

Le premier bataillon des volontaires du *Mont-
Blanc* arrivoit, et se rangeoit pareillement en bataille; on le ranimoit par une boisson de vin mêlé
de poudre, en disant aux soldats, qu'il s'agissoit
de résister à des rebelles, semblables à ceux de la
Vendée. Beaucoup de curieux étoient aux fenêtres, les municipaux, craignant qu'ils ne devins-
sent un jour des accusateurs, leur ordonnèrent
de se retirer, en laissant ouvertes les jalousies,
pour qu'ils ne pussent y revenir sans être vus,
les menaçant de les coucher en joue, s'ils y re-
paroissoient. Alors, croyant tous les regards écar-
tés, Gauthier sortit de l'*Hôtel-de-Ville*, en cos-

tume de député, et fit le tour de la place, en disant aux satellites de la conjuration : « Braves » sans-culottes ! nous voici dans un moment de » crise, tenons-nous fermes ; nous aurons le » dessus ; si l'on tire, joignez-vous contre les » maisons, et couchez-vous à terre : nous som- » mes sûrs de la victoire ». Gauthier répétoit ensuite avec les autres conjurés, leur refrein chéri : « Vivent les *sans-culottes*; — à bas les *musca-* » *dins* et les *permanens* ».

Après ces encouragemens donnés, les munici-paux rentroient dans l'*Hôtel-de-Ville*; et Gau-thier se rendoit auprès du corps de troupes qu'ils avoient posté à l'entrée du quai du Rhône, près du *Pont Morand*. C'étoit pendant ce temps là même qu'il faisoit porter au comité des sections, par son collegue Nioche, contradictoirement à la pacification que celui-ci avoit promise, une pro-clamation, signée par l'un et l'autre, où ils or-donnoient que l'arsenal leur fût livré, que les autorités qui y siégeoient, disparussent, et que tous les bataillons quittassent les armes et se dis-persassent.

Tant d'audace n'étoit plus supportable, on se prononçoit fortement contre l'ineptie et l'impu-dence de Nioche. Il osoit néanmoins encore blâmer la défiance des sections et protester qu'il étoit défendu de tirer sur leurs bataillons, lorsqu'encore une fois le bruit du canon vient lui donner le plus terrible démenti. On le retient en ôtage ; et de toutes parts, les bons Lyonnois volent au secours de leurs concitoyens.

D'après l'ordre donné toute à l'heure aux bataillons réunis sur la place de *Bellecour*, ils s'étoient formés en deux colonnes, et c'étoit sur celle qui s'avançoit le long du quai du Rhône, que le canon venoit de tonner et tonnoit encore, par les ordres même de Gauthier. Il étoit à cette batterie comme je l'ai dit ; et ce fut de là que partit le premier feu sur les Lyonnois. La plus vive canonnade duroit déja depuis deux heures contre cette colonne ; une force considérable soutenue par des dragons à cheval, par un bataillon de volontaires, et par le service non interrompu de l'artillerie, ne pouvoit la faire plier ; on eut recours à la trahison. Un cavalier vient, faisant flotter au bout de son sabre, un mouchoir blanc en signe de paix ; les Lyonnois trop confians, s'approchent pour parlementer ; le cavalier retourne, s'échappe au galop : et ils sont à l'instant renversés par deux canons chargés à mitraille.

La seconde colonne marchant le long du quai

de la Saône , s'étoit divisée en deux détachemens. L'un s'avançant par des rues , à travers des tirailleurs postés aux fenêtres , dans les allées et dans les caves , parvenoit à l'entrée de la rue *St. Pierre*, qui aboutit à la place des *Terreaux*. Là , se trouvoit en face, Riard avec sa troupe et du canon. Il fait un signe de pacification , et venant seul au devant des citoyens , il les porte à s'approcher pour l'entendre. Le premier qui se présente , est tué d'un coup de fusil, commandé par Riard , qui se jette à l'instant dans l'embrâsure d'une porte , en donnant, avec son chapeau , le signal à sa troupe. Son canon , chargé à mitraille part aussi-tôt ; un feu roulant de mousquetterie l'accompagne : des fusillades partent en même-temps des maisons voisines, où les conjurés ont aussi posté de leurs satellites. Le détachement tombe presqu'en entier ; mais ce qu'il en reste , forcé de se replier sans pouvoir emmener ses canons, ne veut partir qu'après les avoir déchargés contre les assassins. Encore terrible dans sa retraite , il ne quitte pas ce lieu funeste sans en tuer un grand nombre.

Les débris de ce corps et ceux de la première colonne , aux côtés desquels la mort a moissonné tant de concitoyens, ne sont-ils point allé mettre à l'abri du danger une vie si miraculeusement conservée? Ici le découragement et la crainte sont inconnus. Ces débris dispersés vont d'eux-mêmes, et par un penchant commun, se réunir au second détachement qui, moins malheureux que les deux premiers corps, étoit parvenu sur la place *des Carmes*, située à l'angle nord-ouest de celle des *Terreaux*. Il étoit presqu'en face de l'*Hôtel-de-Ville*, dans une position avantageuse : mais il avoit à combattre des forces considérables. Dix-huit cents hommes, presque tous aguerris, et vingt-deux canons défendoient la municipalité ; mais la bravoure calcule-t-elle autrement que par son ardeur ? Deux mille citoyens, qui n'avoient jamais vu le feu, déployoient, avec un courage des plus animés, une tactique d'autant plus étonnante, qu'elle n'étoit le fruit que de l'instinct. Le combat devient opiniâtre, parce qu'ils ont résolu de vaincre. Après des fusillades et des décharges à mitraille, ils tirent à boulets contre l'*Hôtel-de-Ville*, devenu la citadelle des conjurés. Dans la chaleur de leurs manœuvres, un canon éclate entre leurs mains, sans que le feu s'en rallentisse. On n'en charge qu'avec plus d'activité ceux qui servent encore : on ne les dirige qu'avec plus d'attention et de succès.

Gauthier en est déconcerté : il n'y a que demi-heure que cette derniere attaque est commencée, et le voilà qui vient, à six heures et demie, sur la place du combat, pour le suspendre par de trompeuses propositions d'accommodement. Peu s'en fallut qu'il n'y fut sacrifié par l'indignation publique; mais de braves grenadiers des sections l'enleverent aussi-tôt aux besoins des brigands, comme au ressentiment des citoyens qui menaçoient ses jours. Transporté à l'arsenal, il y répéta, pour se disculper devant le comité et devant le département, les mêmes impostures que son collegue Nioche avoit débitées avant lui.

Le combat s'étoit rengagé de nouveau avec le même acharnement, lorsqu'à dix heures environ, les conjurés, désorientés par l'absence de Gauthier, écrivirent au comité pour demander une suspension d'armes et la reddition des deux commissaires. On leur répondit par l'arrêté qui suspendoit le conseil-général de la commune; et Gauthier, dont la frayeur assouplissoit la perfidie, ajouta son approbation à cet arrêté, en déclarant par écrit, qu'il étoit libre et comblé d'égards.

Les deux représentans autoriserent même formellement alors une notification qu'on envoya faire à la municipalité de se retirer de l'*Hôtel-de-Ville*; et comme elle y retint les deux citoyens qui

la lui porterent, ces représentans écrivirent ensuite pour les réclamer. Ils lui enjoignirent eux-
mêmes de se rendre, et donnerent l'ordre aux
troupes requises par eux, de se retirer dans leurs
casernes.

La municipalité s'en vit abandonnée vers trois
heures du matin; beaucoup de ses autres satellites
se découragerent et disparurent. Elle se trouva
réduite à un petit nombre de défenseurs, avec
lesquels elle se replia dans l'*Hôtel-de-Ville*. Mais
le blocus qui s'ensuivit, obtint la place une heure
après. Le commandant des sections y fit, à cheval, une entrée triomphante. Les conjurés vaincus furent saisis; on les conduisit en prison à
travers un peuple furieux, à la vengeance duquel
on eut bien de la peine à les soustraire.

Tel fut ce combat affreux, pendant lequel les
Lyonnois se signalerent par un courage invincible, et par une loyauté pleine de compassion envers leurs prisonniers, tout indignes qu'ils en
étoient. Les conjurés, au contraire, se livroient
envers ceux des citoyens qu'ils avoient pris, à des
actes barbares dont j'ai voulu épargner le détail
au lecteur, déja trop oppressé de tant de scélératesse. Ne pouvois-je donc pas me dispenser de lui
dire que les municipaux égorgeoient de leurs mains

dans l'*Hôtel-de-Ville* les citoyens enlevés des bataillons, et que, considérant avec joie leurs cadavres,
ils outrageoient en eux la nature, la justice et le
courage? Ne pourrois-je pas me dispenser de dire,
qu'après avoir fait tirer sur une multitude sans
armes, près du quai, avant l'affaire, ils avoient
jetté dans le Rhône, les blessés, comme les morts?
Oserois-je dire que les femmes des conjurés,
non moins féroces qu'impudiques, s'amusoient
à mutiler les mourans encore sensibles, en leur
arrachant avec le dernier soupir, les attributs de
la virilité? Ah! j'ai déja narré tant de crimes, et
j'en ai encore tant à raconter, que je crois pouvoir glisser sur les horribles particularités de cette
premiere catastrophe! Puisqu'ici les Lyonnois,
dégagés du joug de la tyrannie, respirent quelques instans, qu'il me soit permis de respirer un
peu moi-même dans l'histoire de leurs malheurs.

Ce qui se passa dans la capitale à cette époque,
ne laissa pas douter, que le combat livré par les
anarchistes à Lyon, ne tint à l'ensemble de leur
complot. L'issue en fut différente, parce que les op-
primés ne se trouverent pas les mêmes hommes,
ni pour l'opinion, ni pour le caractere. A Paris,
où le *girondisme* seul fut aux prises avec les *montagnards*, la victoire leur resta. A Lyon, où, sans
systême

système et sans ambition , l'indignation contre le crime soutint le combat , les suppôts de la *montagne* furent vaincus. Le *girondisme* devoit l'être par cela même que, n'étant qu'une faction , il étoit odieux à beaucoup , défendu par très-peu, et combattu par un grand nombre. Mais les *montagnards*, vainqueurs à Paris, ne pouvoient l'être dans une ville où s'élevoit contre eux , non simplement la colere d'un parti rival, mais celle de tout un peuple, plein de tout le courage de la probité. Ce ne fut que douze mois après , que leur faction se vit vaincue dans la capitale , par les forces que leurs crimes avoient accumulées contre eux. La tardive révolution *thermidorienne*, assez semblable par quelques circonstances avec celle que je viens de décrire, n'en a encore été qu'une imparfaite imitation. Les différences sont trop sensibles à l'observateur , pour que je sois obligé de les faire remarquer.

En des conjonctures moins dissemblantes , la marche des Parisiens , comparée à celle des Lyonnois, prouve que les villes, autant que les nations , ont leurs caracteres particuliers et distinctifs. Ce vendémiaire de Paris (1) , si semblable

____

(1) Le carnage du 13 vendémiaire, an 4 de la république, (5 octobre 1795).

Tome I. Hist. de Lyon.   O

par ses formes, avec le 29 mai de Lyon, en produisant les mêmes crimes, a-t-il produit les mêmes phénomenes? Ici, comme là, mêmes prétentions d'inamovibilité de la part de ceux que l'opinion publique repoussoit: même permanence du peuple assemblé contre eux. Ici, comme là, le même homme dirige les ennemis de la volonté populaire : tous les bandits qu'on peut recueillir, sont armés par eux, contre elle ; les citoyens sont insidieusement amenés sous le feu qui doit les écraser, et la trahison la plus atroce donne le signal du carnage. Mais à cette époque du combat, cesse la comparaison ! On a vu par quels exploits répétés pendant dix heures, les Lyonnois emporterent la victoire : et l'on verra ce qu'ils firent pour en conserver les fruits. Sans vouloir insister sur les différences, je dirai, en général, que depuis les commencemens de la révolution, ces deux grandes villes, agitées dans le même sens et par les mêmes excitateurs, ont donné des résultats différenciés par le naturel de leurs habitans. L'esprit d'ensemble et l'énergie de caractere des Lyonnois, leur assuroient bien plus d'avantages que n'en pouvoient avoir les citoyens d'une ville immense et voluptueuse, où l'égoïsme qui isole, et le plaisir qui énerve, produisent toujours la basse résignation de la mollesse. Les élans d'un tel peuple, s'il en a, viennent rarement de lui-même, et bientôt s'évanouissent avec la passion étrangere qui les a causés.

A Dieu ne plaise cependant que je veuille déprimer les habitans de cette cité, rivale d'Athenes et de Rome aux beaux jours de leurs artistes, de leurs orateurs et de leurs poëtes les plus célebres. Mais ces jours enchanteurs de l'antiquité, furent-ils ceux de la sagesse et de la bravoure? La liberté romaine périt sous les yeux d'Horace, de Virgile et de Cicéron; et le siecle de Périclès et d'Alcibiade ne fut pas celui de Thémistocle et d'Aristide.

LIVRE VII.

Alégresse et générosité des vainqueurs. Souplesse des conventionnels Gauthier et Nioche ; leurs promesses et leur trahison. Les Lyonnois résignés de bonne foi à la république. R. Lindet vient à Lyon. Sa conduite et son départ. Procès de Challier et de Riard. La convention veut les sauver. Leur condamnation et leur supplice. Cette ville devient le quartier-général du girondisme. Députations de tous les départemens fédéralistes. Présence de Biroteau. Confiance funeste des Lyonnois. Préparatifs effrayans contre eux. Renaissance de leurs alarmes. Disparition du girondisme. Rétractations craintives de ses partisans. Le courage lyonnois s'électrise par le danger. Nouvelle résolution de vaincre. Dévouement à la guerre. Enthousiasme général. Travaux préliminaires du siege. Premieres opérations militaires. Dénomination de l'armée assiégeante.

L'AURORE du 30 mai ne sembloit paroître sur l'horizon que pour éclairer la liberté, glorieusement reconquise par les Lyonnois. Affranchis enfin du joüg des assassins, qui pesoit sur leur tête depuis si long-temps, ils se livrerent aux transports de la joie, aux douceurs de la sécurité. Chacun d'eux éprouvoit un tressaillement indicible, en revoyant son concitoyen à l'abri du fer homicide. Delà un empressement unanime à courir, avec une sorte d'ivresse, les uns vers les autres, dans les rues, sur les places, pour s'embrasser, pour se féliciter mutuellement, sans se connoître autrement que par cette marque indéfinissable de probité, dont la conscience de gens de bien pare leur front. On avoit bien des regrets à donner à six cents d'entre eux qui avoient péri dans ce combat; mais devoit-on pleurer long-temps ces hommes si généreusement dévoués à l'honneur et à la patrie, dont les mânes sembloient venir partager la gloire du triomphe? Illusion délicieuse dont les Athéniens embrassoient la magie, lorsque dans les pompes funebres qui suivoient la victoire, les orateurs chargés de célébrer les morts, en évoquoient les mânes glorieux, pour consoler les vivans! C'étoit un délire universel, auquel le cœur se livroit avec d'autant plus de douceur, que les palmes qu'on venoit de cueillir, n'étoient souillées d'aucun tort. Le combat qu'on venoit de gagner, n'avoit laissé coupable que le parti vaincu. Toute la honte du crime terrassé écrasoit celui-ci, en même-temps que le reproche d'avoir provoqué l'attaque avec obstination, de l'avoir engagée avec perfidie, de l'avoir soutenue avec cruauté, retomboit sur lui.

Le vainqueur déplora néanmoins d'avoir été forcé de verser le sang des conjurés, quelque gangréné qu'il fût. Il s'appitoya sur ses féroces ennemis, parce qu'ils avoient encore la forme humaine, quoi qu'au fond, ce ne fussent que des tigres. Il secourut avec compassion leurs blessés, il ensevelit leurs morts avec respect. Il ouvrit même en faveur de leurs veuves et de leurs orphelins, une souscription considérable de bienfaisance, que la générosité lyonnoise s'empressa de remplir. Par elle, furent enlevés à la misere, à la faim, au trépas même, des races *hommivores*, qui ne vécurent que pour attendre l'occasion de dévorer d'aussi généreux bienfaiteurs.

Nioche et Gauthier se trouvoient déconcertés par la défaite des stupides brigands, avec lesquels leurs collegues Albitte et Dubois-Crancé, dont ils partageoient le *dantonisme*, avoient cru pouvoir soumettre Lyon aux *orléanistes* (1). En

____

(1) Nioche et Gauthier tenoient à la faction *Danton*,

même-temps que l'audace abandonnoit ces deux *conventionnels*, de nouvelles découvertes venoient achever de les confondre. Aux portes de la ville se présentoit un bataillon des gardes nationales de Montluel, requis par eux toute à l'heure encore, d'une maniere pressante, sous le faux prétexte que «la représentation nationale étoit insul- » tée en leur personne, et que les *patriotes* se » battoient avec succès contre les *révoltés* ». Assaillis de reproches, enveloppés d'indignation, ils tremblerent, sur-tout quand ils virent le comité des sections, prendre la résolution, de les dénoncer à la convention, comme complices de la plus

---

ainsi que Dubois et Albitte. Lorsque dans la séance des Jacobins, le 28 frimaire, an 2 (18 décembre 1793), Nioche fut dénoncé « pour avoir adhéré à la suspension de la mu- » nicipalité *patriote* », ce fut Danton qui prit sa défense avec le plus de chaleur, et le plus de succès. « Il démon- » tra que, dès son arrivée à Lyon, Nioche avoit donné la » mesure de ce qu'il devoit faire, en répandant, avec » Gauthier, la terreur parmi les aristocrates, au moyen » des mesures vigoureuses qu'ils avoient prises ». Enfin Danton conclut que Nioche avoit « pour lui, les faits et les » intentions ». Celui-ci prouva lui-même que Danton avoit raison. On peut voir ces apologies dans le *Journal de la Montagne*, n°. 37.

atroce des municipalités , et comme « coupables » de tout le sang répandu ».

L'hypocrisie, cette vile ressource des ames noi-res et lâches, étoit la seule qui leur restât. Ils l'employèrent avec la plus basse perfidie. Aussi-tôt fut publiée une proclamation, dans laquelle ils rejettoient les torts de leur conduite, sur « des » avis alarmans qui les avoient induits en erreur »; et ils protestèrent qu'ils reconnoissoient la faus-seté des impressions qu'on leur avoit données. « Ils regarderent même comme *démontré*, que » les sections , loin de desirer une contre-révolu-» tion, étoient animées de sentimens républi-» cains, et n'avoient voulu que la réparation des » griefs dont elles avoient à se plaindre ». « Ci-» toyens », ajoutoient-ils, en s'adressant aux Lyon-nois, « les inculpations dirigées contre vous, sont » fausses ; les représentans du peuple s'empres-» sent de le publier : ils en porteront l'assurance » à la convention nationale (1) ». Insigne dupli-cité , dont toute la noirceur ne tardera pas à pa-roître !

---

(1) Tous ces détails , toutes ces citations , sont consignés dans les *procès-verbaux du comité des sections*, et des *adminis-trations du district et du département.*

A dix heures du matin (le 30 mai), ils sortent de l'arsenal, avec les corps administratifs et les membres du comité des sections, pour se rendre à l'*Hôtel-de-Ville*. En passant près de l'arbre de la liberté, sur la place des *Terreaux*, tous s'arrêtent, et prononcent ensemble le serment « de mainte-» nir la liberté, l'égalité, la république une et » indivisible, la sûreté des personnes et des pro-» priétés »; ils s'engagent formellement en outre « à la plus entiere soumission aux lois ».

Dans l'assemblée que tous allerent former en-suite dans l'*Hôtel-de-Ville*, au milieu d'une foule de citoyens, accourus pour les entendre, Nioche, imperturbablement hypocrite, gémit sur les mal-heurs de la veille, et promit d'aller lui-même ren-dre compte à la convention de « l'énergie avec » laquelle les Lyonnois venoient de réprimer les » attentats par lesquels on avoit voulu leur ravir » la liberté ». Nous verrons bientôt comment il s'acquitta de sa promesse.

Gauthier ne donna pas des paroles moins trom-peuses : il ajouta qu'il « assureroit la convention » des bons principes qui animoient les citoyens » de cette ville ». L'un et l'autre ont rempli leur engagement, s'il suffisoit pour cela de mander ces choses, en les démentant presqu'aussi-tôt. Ils

écrivirent effectivement à la convention, une lettre qui y fut lue, dans la séance du 3 juin, où ils affirmoient, que le mouvement n'étoit provenu que d'un « mécontentement légitime, contre une
» municipalité qui abusoit de ses pouvoirs : et
» non d'aucune intention contre - révolution-
» naire ».

Ce témoignage étoit la vérité même. Les Lyonnois, je l'ai dit, étoient devenus républicains par raison et de bonne foi. Il eût suffi de l'être alors sincérement avec eux, pour les attacher véritablement à la république. Les *girondins* qui restoient maîtres de leur ville, les maintinrent dans cette disposition, jusqu'à ce qu'eux-mêmes, défaits et dispersés, y eurent perdu leur influence.

Gauthier et Nioche, qui déja s'étoient échappés de Lyon, pour aller respirer à leur aise, loin d'une ville qui leur avoit imposé tant de contraintes, étoient à Chambéry, lorsque la Renommée, portant au loin sa voix désormais sinistre, leur apprit les événemens de Paris, dans les deux journées (du 31 mai et 2 juin), qui virent la convention, subjuguée par des factieux plus hardis, proscrivant une partie intégrante d'elle-même. Alors Gauthier et Nioche, réunis en conseil, avec leurs complices Albitte et Dubois-Crancé, déciderent qu'ils démentiroient eux-mêmes, sans délai, la lettre équitable et vraie que la peur leur avoit arrachée.

La convention venoit de se donner un nouveau comité, sous le nom de *salut public*. Cette institution, dont ceux d'*insurrection* avoient fourni le nom et l'idée, ne devoit pas manquer au regne de *la terreur*. Foyer concentrique de toutes les fureurs de l'ambition et du crime, il usurpoit tous les pouvoirs, subjuguoit la justice, et devenoit le tyran de la convention, comme de la France.

Ce fut à ce comité, devenu le centre de toute correspondance essentielle, que les deux commissaires, conformément à la résolution de leur conseil, se hâterent d'écrire (le 4 juin), que « Lyon avoit foulé aux pieds les principes et la » représentation nationale ». Il ne se pouvoit voir de rétractation plus subite, plus fausse, et plus impudente. Gauthier la développa dans un écrit, publié le 9 juin, à Grenoble, où il affirma que la journée du 29 mai des Lyonnois, avoit tous « les caracteres de la révolte, et qu'elle étoit » une vraie contre-révolution », puisqu'ils avoient mis dans les fers des scélérats qui s'appelloient *patriotes*. Ne faut-il pas que la passion du mal soit forte au-delà de toutes les conceptions, pour l'emporter, je ne dis pas : sur l'empire de la vérité, de l'équité ; mais sur le plus ombrageux et le plus indomptable de tous les sentimens innés en nous : celui de l'amour propre, qui ne souffre point qu'on s'outrage soi-même par des démentis aussi formels ?

Nioche, de son côté, se transportoit à Paris, pour y faire un rapport dans le même sens, contre ces mêmes Lyonnois, que naguere il flattoit avec tant de perfidie. Ce rapport, sans être aussi calomnieux que celui de Gauthier, n'en étoit pas moins en contradiction avec les déclarations et les promesses qu'il leur avoit faites. On ne pouvoit se méprendre sur la cause de ces infâmes rétractations, qui avoient pour but de capter la bienveillance des Jacobins, dont l'acharnement contre Lyon, étoit si violent, que même près d'un mois ensuite, Bentabolle reprochoit encore à ces deux commissaires d'avoir eu l'air d'en excuser un seul instant les citoyens (1).

La formidable colere dont s'animoit contre cette ville, la toute puissance nouvelle de la faction triomphante, ne pouvoit rien changer à la

____

(1) Séance des Jacobins, 3o juin.

détermination des Lyonnois. Ils interpelloient la justice de prononcer sur les monstres qu'ils lui avoient livrés. Challier, Hydins, Riard et tous les autres conspirateurs, enchaînés, ne pouvoient échapper à cette résolution inflexible de la vertu, qui ne vouloit pas que leurs forfaits restassent impunis. Les papiers saisis dans leur domicile, et dans leurs différentes archives, ainsi que leurs correspondances interceptées, mirent au jour la scélératesse la plus profonde et les complots les plus terribles. Tout appelloit un châtiment sévere contre des monstres dont les délits crioient si hautement vengeance, et dont l'existence prolongée sembloit une trop extrême calamité. Néanmoins, observateurs scrupuleux de toutes les formes qui sont propices aux accusés, les juges lyonnois, craignant de céder à d'autre impulsion qu'à celle de la justice, tinrent son glaive suspendu jusqu'à ce que, par l'accumulation des preuves, ils fussent assurés que c'étoit, non la passion, mais la loi même qui déterminoit à frapper les coupables.

Ce délai d'une intégrité timorée, donnoit à leurs amis l'espoir de les sauver ; les deux commissaires les couvroient de leur protection dans les rétractations dont je viens de parler ; et la

société des Jacobins de Paris , tendoit au même but , en répétant les calomnies de Nioche , arrivé déja pour noircir les Lyonnois. Désolée de voir que la municipalité s'étoit laissé vaincre, elle se repentoit bien franchement de ne l'avoir pas fait suspendre auparavant, pour ôter à ses ennemis cette occasion d'en triompher. Mais, d'après Nioche lui-même , cité par le *cordelier* Legendre , devoit-on craindre sa défaite, en voyant son *patriotisme?* « Ah! c'est au moyen de la scélé-
» ratesse , disoit celui-ci, que l'aristocratie , l'é-
» goïsme, le *modérantisme* l'ont emporté... Sou-
» tenez la municipalité; elle a des droits à votre
» estime , malgré le tort de ses revers : défendez
» ses intérêts, c'est la seule autorité qui soit restée
» pure (1) ».

Laussel qui, amené précédemment dans les prisons de l'Abbaye , ne couroit pas les risques de ses collegues , et méritoit par sa complicité même avec eux, un grand crédit auprès de la convention , se déclara leur défenseur. Ce fut une singularité bien épouvantable, de voir ce mal-faiteur insigne, encore chargé de fers , écrire audacieusement à l'assemblée, pour protéger auprès

____

(1) Séance des jacobins, 10 juin.

d'elle ces coupables atroces, et pour lui dicter des mesures propres à faire écarter des Lyonnois survenus pour la mettre au fait de la vérité : c'est ce qu'on vit dans la séance du 21, où l'on lut en même-temps une lettre de Marat, qui donnoit tout le relief de sa recommandation à celle de Laussel. R. Lindet, faisant alors valoir les demandes de l'un et de l'autre, obtint un décret, qui mit Challier et ses complices sous la sauvegarde de la convention. Sans oser d'abord les absoudre, mais pour les soustraire sûrement à la sévérité d'une justice implacable, elle évoqua leur procédure à son tribunal révolutionnaire, non moins favorable au crime, que cruel à la vertu. Laussel, absous bientôt par lui, confirma l'une de ces vérités ; et l'autre n'étoit déja que trop démontrée par le sang innocent qu'il avoit judiciairement répandu.

Mais les Lyonnois ne vouloient pas que leurs oppresseurs, vaincus à si grands frais, pussent être innocentés dans ce même tribunal, où Marat venoit d'être porté en triomphe. Une loi, non expressément révoquée, qui établissoit que les jugemens seroient rendus sur les lieux du délit, servit de motif au refus qu'on fit de céder les coupables ; et l'on déclara que la nature de leurs forfaits exigeoit une punition éclatante, au sein de la ville qu'ils avoient désolée, sur la place même qu'ils venoient d'ensanglanter.

Tant de fermeté augmenta les alarmes de leurs protecteurs ; elle irrita le courroux de la convention à tel point, que le 3 juillet, recourant aux expédiens extrêmes, cette assemblée ordonna à ceux de ses membres qui se trouvoient à l'armée des Alpes, « de prendre, pour l'exécution de sa » volonté, tous les moyens de force nécessaires »; et en même-temps elle rendit tous les dépositaires de l'autorité publique à Lyon, responsables individuellement sur leurs têtes, des atteintes qui pourroient être portées à la sûreté des scélérats, mis en jugement.

La justice lyonnoise ne sut pas mollir devant ces menaces protectrices du crime. Les citoyens, dans leurs sections, demanderent l'établissement du jury pour prononcer, après le développement des charges et l'audition des témoins. Des défenseurs officieux furent donnés aux coupables, et remplirent avec fidélité ce repoussant ministere. L'indulgence s'en mêla ; car la condamnation à mort ne tomba que sur deux des plus criminels : Riard et Challier (1). Riard, condamné pour les lâches

____

(1) Les autres scélérats resterent en prison jusqu'après le

et

et cruels assassinats qu'il avoit commis dans la journée du 29 mai, sur les blessés, vit monter avant lui, sur l'échafaud, Challier qui méritoit de l'y précéder, comme chef des brigands révolutionnaires de Lyon. Challier, convaincu d'avoir dirigé tous leurs complots, et d'avoir prêché le meurtre et le pillage, perdit la tête, le 16 juillet,

---

siege. Parmi eux, il en étoit un qui mérite une mention particuliere : c'est R. Hydins, scélérat exalté qui, lié avec Dodieu, s'agitoit dans le sens des *Cordeliers*, et fut commissaire national du tribunal du district. C'est par ses aveux qu'il nous suffira de le démasquer. Dans une lettre du 21 février 1793, il « déclare qu'il déteste d'Orléans et » consorts, mais qu'il s'intéresse pourtant au sort de son » malheureux fils ; et il se flatte d'avoir travaillé de tout » son pouvoir à la convocation de la convention, d'en » avoir même donné l'idée, à l'assemblée législative, dès » le mois de mai 1791 ». — Dans une autre lettre, du 29 avril 1793, il se plaint de ce que le *robespierriste* Challier et ses clubistes le desservent ; il dit que, « dès avril 1790, » il a souri à la liberté, et correspondu avec Mirabeau, » Lemonthey, Fauchet, Rolland. Enfin, il se fait un mé- » rite d'aller propagandiser dans les villages et villes cir- » convoisines ». Lorsque jetté dans les fers, Hydins apprit qu'à Paris, Robespierre l'emportoit sur Danton, et qu'à Lyon, Challier alloit être condamné au supplice, le désespoir le porta à se donner la mort : on le trouva pendu dans sa prison.

Tome I. Hist. de Lyon.   P

sous le fer encore vierge de cette guillotine , à laquelle il avoit en vain dévoué tant de victimes. Un sort encore plus juste que bizarre , se jouant de ses complots meurtriers, voulut que lui-même fît l'essai de cette homicide machine, envoyée de Paris , plus de six mois auparavant, pour satisfaire sa férocité. Cet essai fut cruel , car il est vrai que l'exécuteur et l'instrument de mort , n'étant point encore exercés , doublerent la peine de ce phéno-mene de scélératesse, et la rapprocherent par hasard, de la proportion de ses forfaits. Ses derniers ins-tans ne furent marqués par rien de singulier et de courageux. Après avoir montré dans le trajet de la prison aux *Terreaux*, une sorte de stoïcisme, il avoit pâli, en appercevant l'instrument du sup-plice ; et ses forces l'avoient abandonné, lorsqu'il avoit fallu monter sur l'échafaud. Sans avoir, ni la force, ni la volonté de haranguer les assistans , il avoit subi machinalement son sort, comme les suppliciés vulgaires.

Ainsi finit ce frénétique , sur les derniers ins-tans de qui ses partisans ont débité des fables, propres à faire croire qu'il étoit mort en grand homme. Nous verrons , en son temps , que la convention n'omit rien pour les accréditer et pour illustrer sa mémoire.

R. Lindet, qui parloit alors comme Dubois-Crancé, Albitte, Gauthier et Nioche, revenoit de Lyon, où il s'étoit distingué par beaucoup de modération et d'équité, malgré les désagrémens qu'il y avoit éprouvés. On avoit refusé de reconnoître ses pouvoirs, parce que leur date étoit postérieure à ce jour fatal, qui détruisît l'intégrité de la convention ; cependant appellé, comme témoin, aux séances des corps administratifs, il s'y étoit convaincu que les Lyonnois étoient sincérement résignés à la république, qu'ils respectoient la liberté des personnes et la sûreté des propriétés. Il l'avoit même écrit à ses quatre collegues, en leur reprochant leur arrêté du 14 mai, « comme étant la source de tous les malheurs de » cette ville » ; et il avoit eu le courage de leur dire que, « puisqu'elle vouloit la république, » employer les armes contre elle, seroit un at- » tentat contre la patrie elle-même (1) ».

Mais rentré sous la tyrannie conventionnelle, qui s'augmentoit de plus en plus, il parla dans son sens, avec d'autant plus d'inclination et de facilité, qu'il étoit encore ému d'être sorti de

____

(1) *Lettre de R. Lindet à Dubois*, etc., datée de Lyon, 11 juin.

Lyon, avec la peur d'y être enfermé, comme ôtage, dans le château de *Pierre-Scize*. Il ne savoit plus être généreusement véridique, en faveur d'une ville qu'il n'avoit quittée, que parce que sa liberté y étoit sans garantie.

La détermination annoncée authentiquement par les Lyonnois, de conserver les avantages du 29 mai, désignoit Lyon, comme un point central d'insurrection, à tous les départemens que soulevoit l'attentat commis sur la convention, par elle-même. Ils envoyèrent en cette ville des députés chargés de ranimer, avec des louanges et des offres de secours, le courage de ses habitans. Le même jour y vit cinquante-deux députations départementales, réunies en un dîner qu'ils leur donnerent. Celle de Marseille leur décerna sur la place de *Bellecour*, au bruit de l'artillerie, des couronnes de lauriers, comme récompense de la victoire acquise, et comme prix de celle qu'on espéroit d'eux encore. Pouvoit-on n'y pas compter, quand on voyoit ce flatteur augure, accompagné de l'offre, que plus de quatorze villes et de quatre cents villages venoient faire en même-temps de toute espece de secours ?

Tant de favorables auspices exaltoient la confiante énergie d'une nouvelle administration, que les circonstances avoient enfantée, et à qui l'autorité principale étoit dévolue. Cette puissance centrale, sous le nom d'*administration départementale populaire*, étoit composée d'individus délégués des assemblées primaires de chacune des communes du département. Son premier acte fut d'adhérer à toutes les députations qui vinrent notifier à Lyon, leur détermination de méconnoître la convention et ses décrets, tant que la représentation nationale resteroit aussi criminellement incomplette. La conséquence nécessaire de cette adhésion, étoit de rejetter la constitution récemment publiée, qui joignoit au vice d'émaner d'un pouvoir illégal, celui d'être odieuse par ses monstrueuses inconvenances. L'assemblée départementale populaire fit résonner au loin cette énergique conséquence, déja répétée de toutes parts ; et des députés partirent de son sein pour aller, sur les lieux même qui en retentissoient, répondre aux députations qu'on en avoit reçues, et s'y faire confirmer les promesses qu'elles étoient venu faire aux Lyonnois.

Ces dispositions si actives à une fédération puissante contre la partie dominante de la convention, portoient, il est vrai, toutes les livrées du *girondisme*. L'assemblée départementale populaire étoit sous sa direction, et les députés qu'elle avoit envoyés dans les départemens, afin de cimenter la coalition proposée, étoient *girondins*. Pour la diriger, l'un de leurs coriphées proscrits, le *conventionnel* Biroteau, s'étoit jeté dans Lyon. Les Jacobins crurent faussement que Rolland l'y avoit suivi ; Biroteau s'y trouva seul *agissant* de ses confrères fugitifs, car il ne faut compter pour rien, Vitet qui, proscrit aussi, comme étant des leurs, s'y cachoit dans l'obscurité de l'inaction. Biroteau agit ouvertement en faveur de son parti ; il visita les sections, et les harangua pour les encourager. Ce ne fut pas tout-à-fait sans fondement, que Couthon, dans la séance du 11 juillet, lui imputa la résolution qu'elles avoient prise, de ne plus reconnoître la convention.

Cette résolution, qui fut suivie d'une illumination générale, et de plusieurs autres expressions d'une joie universelle, n'avoit pas eu le même principe dans tous les citoyens. Le plus grand nombre en avoient tressailli, comme de l'affranchissement décidé d'une abominable tyrannie ; quelques royalistes s'en étoient réjouis, parce qu'ils y voyoient une chance favorable. Mais les *girondistes* en triomphoient avec plus de raison :

Lyon, que le *royalisme* avoit négligé, et d'où ils l'eussent eux-mêmes soigneusement banni, s'il s'y fût montré, étoit devenu leur citadelle et la capitale de leur éphémere empire.

Il ne leur manquoit que de s'y réunir tous, pour qu'elle devint une rivale imposante de Paris, où régnoit la faction contraire. Mais leur inhumaine et timide politique, de mettre Lyon entre eux et lui, ne pouvoit que sacrifier cette ville, en achevant de les perdre eux-mêmes. Leur présomption sur-tout détermina ces malheurs. Ils crurent qu'il suffiroit d'opposer la fiere contenance d'une grande cité, avec les apparences d'une fédération départementale et les rassemblemens inanimés du Calvados, pour faire plier vers eux la convention. Et cette perfide confiance, se communiquant aux Lyonnois, les endormit à dessein, dans l'idée qu'ils ne seroient jamais assiégés.

Le *girondisme*, qui vouloit vaincre uniquement par leur menaçante fermeté, vouloit aussi les empêcher d'engager un combat, dont il craignoit que les *royalistes*, ennemis des *girondins*, comme des *jacobins* et des *cordeliers*, ne vinssent s'emparer pour vaincre également ces trois factions, et rester maîtres du champ de bataille. Ce n'est qu'à ce motif qu'il faut attribuer la détermination que le *girondiste* Guillin fit prendre à la commune, dont il étoit le procureur-général, de ne point s'emparer d'un convoi de trente pieces de canon de 24 et de 16, ainsi que de beaucoup d'affûts de rempart, de caissons, de boulets, qui passoient par Lyon, pour se rendre à l'armée des Alpes et des Pyrénées. Quoique les gens sages prouvassent que la sûreté publique prescrivoit de retenir ces secours, qu'une providence tutélaire sembloit avoir envoyés à la disposition d'une ville qui manquoit de grosse artillerie, le systême *girondin* avoit prévalu; le convoi étoit parti : et Lyon restoit dépourvu des principaux moyens de soutenir un siege. On se berçoit dans l'inertie de la sécurité, en se racontant que Dubois-Crancé, ayant déja révoqué des ordres, donnés, le 2 juin, à Kellermann, pour qu'il envoyât sur Lyon, une armée considérable : avoit les mêmes raisons qu'alors, de ne pas dégarnir les frontieres, encore plus menacées qu'auparavant.

On ne tarda pas à se détromper, en interceptant les dépêches des commissaires de la convention. On reconnut que Dubois-Crancé et Gauthier, malgré ce danger certain des frontieres, vouloient conquérir cette ville (1). On découvrit

______

(1) Entre autres preuves, la suivante mérite d'être

que, s'attendant à y être incessamment autorisés, ils faisoient contre elle, de formidables préparatifs, et sollicitoient en outre le comité de *salut public*, de faire filer à leur aide, 15 bataillons de l'armée du Rhin. On vit que, regardant les Lyonnois, comme des ennemis qu'il falloit absolument subjuguer ou détruire, ils proposoient de les dévouer tous à la peine de mort, comme des *émigrés contre-révolutionnaires*. Ils écrivoient à l'infernal comité, en ces termes : " Si vous voulez
 " qu'on se réjouisse même de leur châtiment,
 " autorisez les communes des lieux, où leurs
 " biens sont situés, à se les partager : un tel dé
 " cret vaudra mieux que cent mille hommes,
 " parce que les pauvres aimeront mieux partager
 " leurs biens, que de les servir pour leur ar

---

remarquée. Je tiens d'un homme qui fut l'agent du gouvernement dans le traité de la France avec Geneve, à la fin de l'année précédente, que, se trouvant à Lyon, à l'époque dont nous parlons, il fut chargé, par quelques Lyonnois, d'aller proposer des accommodemens à Dubois - Crancé dont il étoit assez particuliérement connu, et que celui-ci lui répondit : " Avec tes pacifications, tu m'as déja gâté " l'affaire de Geneve : ne vas pas me gâter celle de **Lyon** : " je ne veux y envoyer que des bombes".

,, gent (1) ,,. L'on apprit, que par l'ordre de ces deux *conventionnels*, le général Cartaut arrêtoit à Valence, tous les négocians lyonnois qui se rendoient, par le Rhône, à la foire de Beaucaire; et qu'il emprisonnoit leur personne, et voloit leurs marchandises. Enfin l'on sut que la convention alloit approuver ces vexations horribles. Elle écoutoit avec plaisir, Legendre qui, dans la séance du 11, se travailloit l'imagination pour proposer des mesures plus rigoureuses encore. La convention les adoptoit toutes, elle décrétoit que « le comité de *salut public* donneroit les or-
,, dres nécessaires pour détruire les autorités illé-
,, gales de Lyon, et les livrer au tribunal révo-
,, lutionnaire; elle ordonnoit de séquestrer les
,, biens de quiconque avoit pris part à la révolte,
,, destinant ces biens, disoit-elle, aux *patriotes*
,, indigens et persécutés; et enfin elle suspen-
,, doit les paiemens dûs aux Lyonnois, non-seu-
,, lement par l'état, mais encore par les parti-
,, culiers ,,.

Qui croiroit, que Dubois et Gauthier, jaloux de s'approprier les créances des Lyonnois, trou-

----

(1) *Lettre* datée de Grenoble, 8 juillet. *Première partie des pieces. N°.* 76, *pag.* 155.

verent encore le moyen d'enchérir sur ce décret si horriblement spoliateur ? Un de leurs arrêtés, rendu le 19, décida que les débiteurs des Lyonnois « resteroient débiteurs, même en s'acquittant envers les légitimes créanciers », dont les deux *conventionnels* frappoient les quittances de nullité : comme si le bon droit n'étoit qu'une chimere, esclave de leurs caprices.

On ne pouvoit plus se faire illusion sur la guerre prochaine et sérieuse, dans laquelle on alloit se trouver engagé. Déja, par anticipation au décret du 14, qui la commanda, le conseil exécutif, par l'organe de Destournelles, son président, donnoit l'ordre de faire marcher des troupes sur Lyon. Le quartier-général étoit indiqué à *Bourg-en-Bresse*. Une colonne nombreuse, accompagnée des *conventionnels* Reverchon et Laporte, s'avançoit par le Mâconnois; de toutes parts se publioient des réquisitions, assaisonnées des mensonges les plus propres à pousser les habitans crédules et barbares des campagnes, contre cette ville opulente.

D'autre part, on apprenoit que l'ouragan du *jacobinisme* dissipoit les rassemblemens du Calvados, fléchissoit les villes récalcitrantes, détachoit de la coalition certains départemens, en ébranloit beaucoup d'autres : le fier Jura se laissoit dompter, et la pétulante Provence commençoit à perdre de son effervescence. Le *girondisme* alors se déconcerta dans Lyon ; ceux qu'il avoit fait mouvoir, revenant sur eux-mêmes, s'effrayerent de la résistance qu'ils avoient faite. Les administrateurs, ne voyant plus que le glaive auquel ils étoient dévoués, envoyerent promptement leur rétractation individuelle à la convention. Ils la prièrent de les excepter nominativement du décret de mort, rendu contre les Lyonnois rebelles : promettant, pour titre et pour prix du pardon qu'ils demandoient si humblement, de faire accepter incessamment par les sections, cette constitution, naguere si fiérement refusée (1). Trois mille Lyonnois, qui vouloient partir pour aller enlever de force, des grains achetés et payés, dont les Jacobins de Mâcon s'emparoient, en sont empêchés par ces tremblans administrateurs. Ils se bornent à faire demander ces subsistances à Reverchon et Laporte, par une députation suppliante qui, protestant le repentir général, est chargée d'annoncer que les assemblées primaires, déja

____

(1) *Lettre des administ.*, du 24 juillet, lue dans la séance du 28.

convoquées, vont docilement accepter la constitution.

Effrayées elles-mêmes, ces assemblées se laisserent aller avec le *girondisme* abattu, qui ne les
entraînoit que parce qu'en les exaltant auparavant, il se les étoit attachées. Elles reconnurent
effectivement la convention, elles accepterent son
code, et lui députerent même quelques-uns de
leurs membres, pour qu'en exposant ces actes de
soumission, ils en obtinssent en échange la révocation des terribles anathêmes lancés contre
elles.

Ce découragement, si inconcevable par son
humiliation, avoit lieu, peu de jours après celui
où, dans la confiance d'une inébranlable supé-
'riorité, l'on avoit, sans crainte aucune des Jacobins, fait tomber la tête de leur agent principal.
Le changement étoit affreux. On eût dit qu'il
s'étoit élevé du sang corrompu de Challier, des esprits mortiferes, qui avoient asphyxié l'énergie
des Lyonnois : de même qu'après les orageuses
fermentations de la terre, l'air, chargé de mias-
mes putrides, introduit dans nos veines, des principes de coagulation et de mort. Ne sembla-t-il
pas qu'après cet acte hardi de justice, Lyon eût
épuisé son immense indignation, comme après

un effort extraordinaire, le corps tombe d'affoiblissement ?

. Le *girondisme* vaincu disparoissoit de l'arêne, mais en vain ceux qu'il avoit mis en avant, sollicitoient la grace de la ville, auprès de la convention. Ils n'avoient point à faire à ce sénat de Rome qui s'abstint, dans sa colere, de détruire Carthage et d'achever la conquête de l'Afrique, quand il vit à ses pieds, les Carthaginois implorer sa clémence : « il agrandissoit plus son empire par » le pardon que par la victoire », comme dit Tite-Live (1). Mais la convention qui ne vouloit regner que par la terreur et la mort, ne négligea pas, afin de vaincre et d'asservir Lyon, cette facilité qu'indiquoit la foiblesse de la résipiscence. Les supplians envoyés de cette ville, désespérant du succès de leur mission, et craignant pour leurs personnes, se hâterent d'échapper au danger qui les poursuivoit, et revinrent dans leur patrie.

Pourquoi, se demande-t-on ici, Lyon rentrant dans la classe des villes et des départemens qui, après s'être soulevés contre la convention, étoient

---

(1) *Lib.* XXX, *N.* 42.

revenus sous son joug, n'obtenoit-il pas de même, le pardon d'une révolte qui leur étoit commune avec lui? Le secret de cette énigme est dans l'opiniâtreté que le parti d'Orléans mettoit à conquérir cette ville. Après avoir en vain tenté de la gagner, d'abord par le *rollandisme*, il ne vouloit pas manquer cette occasion de la subjuguer pour son compte, avec toutes les forces de la république, par le moyen des *Cordeliers*. Legendre, dans sa mission, avoit en vain essayé cette entreprise, sans le secours des armes ; Dubois-Crancé, Albitte, Gauthier et Nioche l'avoient mieux engagée, par leur arrêté du 14 mai. Mais l'événement du 29 étoit un trop beau prétexte d'occuper Lyon avec des troupes, pour ne pas en profiter, quoique les Lyonnois pussent faire afin d'éviter ce malheur. Aussi voit-on Dubois-Crancé, dès le 2 juin, requérir « de l'artillerie de siege et de bataille, ,, dix bataillons, deux escadrons,, pour entreprendre la conquête de Lyon, avant que d'y être autorisé par aucun décret : dès-lors il vouloit détourner à son usage, de son autorité privée, les quatre mille hommes que la convention envoyoit à Toulon (1).

______

(1) La réquisition qui en fut faite à Kellermann, est datée de Chambéry, 2 juin ; R. Lindet pendant son séjour à Lyon, en avoit suspendu l'effet.

C'étoit dans les mêmes vues que Danton écrivoit à Dubois : « Si vous ne pouvez forcer par les ar-
» mes, cette cité superbe, il faut la réduire en
» cendres (1). Et ceux qui, trompant sur la réa-
lité de son repentir, firent excepter Lyon, de l'amnistie accordée à tous les compagnons de sa prétendue révolte, étoient, comme les Dubois et les Danton, les suppôts connus de l'*orléanisme*.

Ce parti donc montroit dans la convention, une résolution irrévocable d'asservir Lyon par la force ; il s'acharnoit à n'y voir que des coupables. Plusieurs de ses plus impudens fauteurs, disoient hautement, « qu'ils seroient bien fâchés qu'on
» leur ôtât la satisfaction d'y troüver des aristo-
» crates à punir ». Dubois et Gauthier ordon-noient à Reverchon et Laporte de n'avoir aucun égard à la résipiscence des Lyonnois, quel qu'elle pût être, et de poursuivre rigoureusement l'exécu-tion des terribles décrets lancés contre eux (2).

_____

(1) La lettre, où Danton s'exprimoit ainsi, à la date du 21 juillet, fut interceptée et publiée par les Lyonnois. Dan-ton crut devoir la désavouer en face de la convention, dans la séance du 21 août.

(2) *Lettre* du 21 juillet, écrite de Grenoble à Mâcon, où étoient Reverchon et Laporte : elle se termine par exiger d'eux *le plus profond secret*. . . . . .

Cette

Cette détermination bien reconnue de les trai-
ter en rebelles, quoiqu'ils pussent faire, releva
leur courage amolli. Ils se demanderent à eux-
mêmes, s'ils n'étoient pas encore les hommes du
29 mai ; ils se sentirent capables d'une seconde
victoire. On eût dit que l'espece de tremblement
qu'ils venoient d'éprouver, étoit comme ceux du
lion, en qui les frissons de la fievre sont des signes
de force, plutôt que des symptômes de foiblesse.
La proposition que Dubois leur fit de lui livrer
tous leurs chefs, révolta leur loyauté ; et celle de
s'abandonner sans armes aux tigres qui les menaçoient, souleva encore une fois l'indignation générale.

Ce fut un beau moment pour cette ville, que
celui où ils dirent : « On nous croit donc abattus,
» parce que nous nous appaisons : ne cédons-
» nous que pour qu'on nous écrase ? Lyon con-
» noît la soumission, mais non le joug ; l'oppres-

Il existe bien d'autres preuves de la résolution de détruire Lyon, dès cette époque, quelque parti que prît
cette ville. Un Lyonnois se trouvant à Montpellier, au
commencement de mai, fut sollicité par quelques initiés
qui s'intéressoient à lui, de ne pas retourner dans sa patrie,
et d'en faire sortir tout ce qui lui étoit cher. Il lut dès-lors
le plan des horreurs qu'elle a éprouvées depuis.

» sion veut encore peser sur nous ; eh bien ! *nous*
» *lui résisterons , ou nous périrons tous : nous vou-*
» *lons être libres , et nous le serons* (1).

____

(1) *Lettre des officiers municipaux provisoires à Dubois-Crancé , Albitte , etc.* en date du 18 juillet : signée, *Bémany,* président.

L'histoire des temps passés avoit déja prouvé la bravoure et la magnanimité des Lyonnois. Nous avons vu dans le Liv. I, pag. 4, qu'au 13e. siecle, ils se souleverent contre la tyrannie, se formerent en milices citoyennes, s'affranchirent du joug par plusieurs combats, et se donnerent un gouvernement municipal. Dans des temps postérieurs, nous voyons (1430); les Lyonnois s'opposant à ce que les troupes du prince d'Orange et du duc de Savoie, envahissant le Dauphiné, et les taillant en pieces, à la bataille d'Anthon (près de Lyon). Nous les voyons, après celle de Saint-Quentin (1554), marchant au secours du comte de la Guiche, enfermé dans la ville de Bourg, par seize mille Espagnols, et les empêchant de rien entreprendre contre elle. Nous les voyons, sous de Biragues (1567), déconcerter par leur vigueur et leurs mesures, les Calvinistes, sur le point de devenir maîtres de Lyon. Nous les voyons (1593), attaquer le duc de Nemours, qui, abusant de son poste de gouverneur, pendant la ligue, profitoit des divisions, pour s'emparer de la ville; ils le poussent de rue en rue, l'acculent contre la montagne de *Fourvieres*, le saisissent et l'enferment au château de *Pierre-Scize.* Nous les voyons enfin, ayant à leur tête le libraire, Horace Cardon, repousser les ligueurs et les faire renoncer au dessein d'enlever leur ville à l'empire d'Henri IV.

A ce mot héroïque qui réveille, dans toutes les ames, l'énergie du courage, avec la conscience de la bravoure, le peuple Lyonnois, quoique voué par état, aux paisibles occupations du commerce, se livre impétueusement au terrible métier des armes, et se prépare aux horreurs de la guerre. Il charge du commandement général, un ancien lieutenant-colonel des chasseurs *des Vosges*, qui avoit commandé en second la garde constitutionnelle de Louis XVI, Perrin de Précy, homme d'un jugement sain, d'une volonté ferme, d'un courage froid et d'une valeur à toute épreuve. Autour de lui se rassemble un état-major de son choix. La trompette du combat a semblé sonner en même-temps l'annonce de la victoire. L'on prend les armes avec ardeur. Cette ville naguere morne et craintive, est dans l'agitation d'un camp, à la veille d'une bataille, où tout promet des lauriers. La justice de sa cause, le sentiment de son droit, plus encore que celui de ses forces, le souvenir enivrant des précédens succès, exaltent les espérances en de nouveaux triomphes.

Toute la jeunesse lyonnoise, élancée de conditions diverses, par une émulation qui fait oublier rang, fortune, distances, ne connoît plus que le danger de la patrie ; elle se rassemble sous les ordres de Précy, et se rend docilement dans les postes et les casernes où il la distribue. Soumise désormais aux rigides observances de la discipline militaire, sans regretter le bien-être et l'indépendance qu'elle abandonne, elle est en quelque sorte avide des fatigues et des périls de la guerre. Les autres citoyens de tout état et de tout âge, mariés et vieillards, veulent aussi partager les honneurs de la défense d'une patrie commune; les femmes même à l'envi s'y consacrent à leur maniere : les doigts délicats de celles qui n'avoient jusques-là manié que le lin et la soie, fabriquent déja des gargousses. La mere, l'épouse, qui n'eurent que des affections tendres, composent la foudre qui doit frapper les dévorateurs des peres et des enfans. Quelques-unes d'entre elles prennent même les armes et le disputeront aux hommes en bravoure (1). Les classes les plus inertes de la société produisent des défenseurs actifs. Celle des domestiques fournit des bataillons qui ne recule-

---

(1) On peut citer, entre autres, Marie Adrian, âgée de 17 ans, couturiere, qui servit, comme canonniere, déguisée en homme ; et Marie Loliere, femme Cochet, papetiere, âgée de 27 ans, pareillement habillée en homme. Elles ont péri toutes deux après le siege, par le fer des bourreaux.

ront jamais; et l'on verra des ecclésiastiques dans celles des phalanges, dont la pétulance ne pourra se contenir (1). Le reste des habitans va travailler à la construction des redoutes qui, sous la direction de l'ingénieux Chenelette, lyonnois, ancien officier d'artillerie, s'élevent presque soüdainement, comme autant de chefs-d'œuvre de l'art des fortifications. L'habile fondeur Schmitt met l'airain en fusion pour multiplier les bouches qui doivent vomir le tonnerre contre l'ennemi : deux fonderies y travaillent sans cesse. Les chevaux de toute espece, que le riche abandonne, servent à composer une cavalerie ; l'artillerie trouve des voituriers qui consacrent les leurs à son service. L'enthousiasme général enfante des prodiges : on votera bientôt unanimement dans les sections, l'établissement d'une caisse militaire, pour la formation de laquelle chacun s'empressera de payer la somme à laquelle on l'aura taxé ; chacun à l'envi consentira bientôt à la création prévoyante d'une monnoie obsidionale, en papier hypothéqué sur toutes les fortunes particulieres ; la bonne foi pu-

---

(1) Témoin : Benoît Nizier Servier, ci-devant curé de St.-Georges, et depuis, premier vicaire de l'évêque Lamourette, qui servit comme quartier-maître : il a été fusillé après le siege. On en pourroit nommer beaucoup d'autres.

blique lui donnera le crédit le plus certain et le plus invariable.

L'ardeur guerriere des Lyonnois ne se contenoit déja plus dans l'enceinte de leur ville et de leur territoire. Ils virent bientôt où ils pouvoient porter plus utilement ce feu qui s'échappoit de sa sphere. S'assurer des lieux propres à faciliter les approvisionnemens, en tenant l'ennemi éloigné, devoit entrer dans les premiers plans de leur tactique. Les villes de Saint-Etienne et de Mont-Brison leur offroient ce double avantage. La premiere, où ils pouvoient s'emparer d'un ample dépôt d'armes, appelloit d'ailleurs leur présence, pour un mouvement séditieux, dont il leur importoit de maîtriser l'effervescence. La seconde les attiroit par une conformité de sentimens anti-anarchiques et d'inclinations martiales, que leur exemple avoit aiguillonnées. Freres des Lyonnois pour la valeur, exaspérés par des vexations du même genre, les Mont-Brisonnois ne différoient d'eux que par un républicanisme moins sincere. Saint-Etienne, qui ouvroit l'entrée du Velay, fut bientôt occupé par une petite troupe lyonnoise; et Mont-Brison, la clef de l'Auvergne, vit arriver dans ses murs, un certain nombre de cavaliers lyonnois auxquels tous les braves habitans de cette ville furent bientôt réunis.

Voilà les hommes que l'oppression *jacobite* qualifia de rebelles à la volonté nationale, dans la vue de soulever contre eux, cette classe immense qui, crédule et barbare, ne veut que des calomnies et des mots pour se livrer à sa férocité naturelle. Combien cette dénomination dût être efficace contre une ville opulente, que la rapacité du brigandage convoitoit : dans ce temps affreux, où la révolution n'étoit plus que l'invasion sanglante des propriétés !

Les Lyonnois ne sont donc pas seulement des *fédéralistes*, des *aristocrates*, ce sont des *rebelles*, contre lesquels on pousse la masse écrasante d'un peuple dévastateur. Eh! de quels noms appellerai-je ceux qui viennent ravager leur malheureuse cité ? Que furent-elles, sinon des hordes de barbares, la plupart des troupes qui vinrent camper sous ses murs ? Je dis : la plupart; car je sais qu'il y eut de vrais guerriers qui, forcés de se rendre auprès d'elles, s'y conduisirent bien différemment de cette tourbe féroce, que l'Attila de Lyon fit servir à ses fureurs. Non, les Huns et les Vandales, qui désolerent autrefois la France, furent moins barbares que ces Français dénaturés qui, nés de son sein, ont porté de nos jours, la torche et le glaive dans sa ville la plus intéressante. La qualification de *brigands* sembloit la plus propre aux Lyonnois pour désigner alors ces ennemis ; mais cette dénomination partoit d'une force d'indignation, dont le calme de l'histoire exige que je m'abstienne. L'historien sage et fidele, environné de modération, n'est point comme ce combattant irrité, qui s'exprime avec fureur, dans le feu du combat. Je ne veux rien outrer ; mais *barbare* est le nom, dont la vérité la plus indulgente ne peut s'empêcher de flétrir les assiégeans ; et si celui de *crancéens*, qui leur fut encore donné par les assiégés, n'est que le synonyme de celui de *barbares*, je consens à les appeller aussi de ce nom, dans la suite de mon ouvrage.

Barbarus , heu, Cineres insistet victor et urbem
. . . . . Dissipabit insolens !

Hor. Ep. 6.

Fin du premier volume.

TABLE
DES LIVRES
ET SOMMAIRES,

Contenus dans ce volume.

*A*VERTISSEMENT *de l'Auteur.*

LIVRE I.

LIVRE II.

LIVRE III.

L I V R E   IV.

LIVRE V.

LIVRE VI.

LIVRE VII.

Fin de la Table des Sommaires.